OBSOLESCÊNCIA PLANEJADA E DIREITO

(in)sustentabilidade do consumo à produção de resíduos

Conselho Editorial
André Luís Callegari
Carlos Alberto Molinaro
Daniel Francisco Mitidiero
Darci Guimarães Ribeiro
Draiton Gonzaga de Souza
Elaine Harzheim Macedo
Eugênio Facchini Neto
Giovani Agostini Saavedra
Ingo Wolfgang Sarlet
Jose Luis Bolzan de Morais
José Maria Rosa Tesheiner
Leandro Paulsen
Lenio Luiz Streck
Paulo Antônio Caliendo Velloso da Silveira

M827o   Moraes, Kamila Guimarães de.
    Obsolescência planejada e direito: (in)sustentabilidade do consumo à produção de resíduos / Kamila Guimarães de Moraes. – Porto Alegre: Livraria do Advogado Editora, 2015.
    163 p.; 23 cm.
    Inclui bibliografia.
    ISBN 978-85-7348-939-2

    1. Direito. 2. Obsolescência planejada. 3. Sociedade de consumo. 4. Direito ambiental. 5. Resíduos. 6. Sustentabilidade - Direito. 7. Sustentabilidade - Economia. I. Título.

CDU 34:316.323.63
CDD 342.1

Índice para catálogo sistemático:
1. Direito: Sociedade de consumo   34:316.323.63

(Bibliotecária responsável: Sabrina Leal Araujo – CRB 10/1507)

Kamila Guimarães de Moraes

OBSOLESCÊNCIA PLANEJADA E DIREITO

(in)sustentabilidade do consumo à produção de resíduos

Porto Alegre, 2015

© Kamila Guimarães de Moraes, 2015

Edição finalizada em setembro/2014

Projeto gráfico e diagramação
Livraria do Advogado Editora

Revisão
Rosane Marques Borba

Imagem da capa
www.freeimages.com

Direitos desta edição reservados por
Livraria do Advogado Editora Ltda.
Rua Riachuelo, 1300
90010-273 Porto Alegre RS
Fone/fax: 0800-51-7522
editora@livrariadoadvogado.com.br
www.doadvogado.com.br

Impresso no Brasil / Printed in Brazil

À minha mãe, Dilcéia Gonçalves Guimarães, por ser o pilar forte e central da minha vida.

À minha avó Maria de Lourdes Passos de Moraes, vó Lourdinha (*in memoriam*), hoje a estrela mais brilhante do céu a me proteger e guiar, por seu amor incondicional e infinito. Saudade!

Agradecimentos

Ao meu orientador, professor José Rubens Morato Leite, por me acompanhar nesta caminhada desde a graduação, por toda paciência, sabedoria e conhecimento compartilhados, e por ser fonte de inspiração como profissional e como ser humano.

Aos professores Ana Maria de Oliveira Nusdeo, Rogério Silva Portanova, Ricardo Stanziola e Carlos E. Peralta, membros das bancas examinadoras de qualificação e de defesa final da dissertação que deu origem à presente obra, pelas valiosas críticas e contribuições.

Às grandes profissionais e pesquisadoras do Direito Ambiental, pelas quais nutro profunda admiração, Melissa Ely Melo, querida amiga e companheira de pesquisas, e Annelise Monteiro Steigleder, pelo apoio e incentivo imprescindíveis para a publicação deste trabalho.

Ao Programa de Pós-Graduação em Direito da UFSC, professores e funcionários, pela minha formação acadêmica. À CAPES, pela concessão de bolsa de pesquisa para os estudos do mestrado.

Aos queridos amigos do Grupo de Pesquisa Direito Ambiental na Sociedade de Risco (GPDA-UFSC/CNPq), principalmente Maria Leonor Paes Cavalcanti Ferreira Codonho, Carolina Medeiros Bahia, Flávia França Dinnebier, Patrícia Kotzias e Giorgia Sena, por engrandecerem nosso grupo com seu conhecimento, por todo companheirismo, compreensão, entusiasmo e amizade, pelo apoio e incentivo imprescindíveis à construção e desenvolvimento deste estudo.

Aos meus pais, Dilcéia Gonçalves Guimarães e Gilvan Saraiva de Moraes, por terem me dado a vida, bem mais precioso que possuo, mas, em especial, à minha mãe, por ter doado grande parte de sua existência na busca do melhor para mim, por estar sempre ao meu lado e por me ensinar a ser uma guerreira nas batalhas da vida, como ela sempre foi e continua a ser.

À minha família, principalmente aos meus avós Gilvan Antônio Henrique Saraiva de Moraes e Maria de Lourdes Passos de Moraes (*in memoriam*), pelo exemplo de vida, pelo amor incondicional e por me provarem que existem almas gêmeas, e ao meu avô Manoel Verino Guimarães (*in memoriam*), por seu amor e apoio imprescindível nos momentos mais difíceis de recomeço.

À irmã de coração, Renata Guimarães Reynaldo, por caminhar ao meu lado desde sempre, por me levantar quando caio, por ser minha maior incentivadora e um dos pilares de minha vida, pelos valiosos ensinamentos de vida e pelo grande apoio desde a seleção para o ingresso no mestrado até a escrita do presente trabalho, que contou com suas valiosas críticas.

Aos amigos queridos, especialmente Larissa Hery Ito Ribeiro Homem, Michelle Bonatti, Patrícia Biava, Fabio Ciampolini, Patrícia Mink e todos os outros que, infelizmente por falta de espaço, não tenho como citar, mas que estão em meu coração, por estarem ao meu lado, pela sabedoria compartilhada e por tornarem a minha existência mais feliz e plena.

Às minhas companheiras, Dolly e Pepê (*in memoriam*), por todo amor despretensioso que me dedicaram, por terem tornado todos os dias de nossa convivência mais felizes e mais leves e por terem me ensinado a enxergar o Outro, humano e não humano, com outros olhos, pelo lado avesso.

E, por fim, à equipe da Livraria do Advogado Editora, na pessoa do Walter, pela competência do trabalho prestado na publicação deste livro.

Gratidão!

Lista de abreviaturas e siglas

ABNT – Associação Brasileira de Normas Técnicas

ABRELPE – Associação Brasileira de Empresas de Limpeza Pública e Resíduos Especiais

CC – Caçadores-coletores

CDC – Código de Defesa do Consumidor

CF/88 – Constituição Federal de 1988

CMMAD – Comissão Mundial sobre o Meio Ambiente e Desenvolvimento

CONMETRO – Conselho Nacional de Metrologia, Normalização e Qualidade Industrial

EPA – *Environmental Protection Agency*

FCC – *Federal Communications Commission*

GM – General Motors

IBDI – Instituto Brasileiro de Política e Direito da Informática

IBGE – Instituto Brasileiro de Geografia e Estatística

ISO – *International Organization for Standardization*

JPOI – *Johannesburg Plan of Implementation*

ONG – Organização não governamental

ONU – Organização das Nações Unidas

PBT – *Persistent Bioaccumalative and Toxic*

PIB – Produto Interno Bruto

PNB – Produto Nacional Bruto

PNRS – Política Nacional de Resíduos Sólidos

PNUMA – Programa das Nações Unidas para o Meio Ambiente

Rio92 – Conferência das Nações Unidas sobre Meio Ambiente e Desenvolvimento

Rio+5 – 19ª Sessão Especial da Assembleia Geral das Nações Unidas

Rio+10 – Cúpula Mundial sobre Desenvolvimento Sustentável

Rio+20 – Conferência das Nações Unidas sobre Desenvolvimento Sustentável
STJ – Superior Tribunal de Justiça
TJDFT – Tribunal de Justiça do Distrito Federal e Território
TJRJ – Tribunal de Justiça do Rio de Janeiro
TJRS – Tribunal de Justiça do Rio Grande do Sul
TRF4 – Tribunal Regional Federal da 4ª Região
UICN – União Internacional pela Conservação da Natureza

Prefácio

Apraz-me prefaciar esta excelente pesquisa científica realizada pela mestre e advogada Kamila Guimarães de Moraes, fruto de sua dissertação de mestrado que tive o prazer de orientar no Programa de Pós-Graduação da Universidade Federal de Santa Catarina, UFSC.

Ressalto que a dissertação da autora foi aprovada em defesa pública, com banca qualificada de doutores especialistas em direito ambiental, obtendo aprovação com distinção e sugestão de publicação.

Conheço a autora desde a graduação, quando se tornou membro do Grupo de Pesquisa Direito Ambiental na Sociedade de Risco – GPDA/UFSC, sempre demonstrando um grande interesse nas temáticas do *jus* ambiental, além de profunda qualidade e capacidade de investigação nesta área do saber.

O cerne da obra publicada encontra espaço na problemática multifocal da prática da *obsolescência planejada e suas implicações jurídicas*. Buscou a autora, alicerçada na sustentabilidade jurídica forte, referenciais teóricos além do Direito e bibliografia de ponta, desmascarar a incidência perniciosa da obsolescência planejada no contexto da sociedade líquido-moderna e de risco. O tema, por si só, é firmemente contemporâneo e quase não abordado pelo Direito, trazendo grande interesse não somente em face da originalidade e do ineditismo, mas em função de problemas emergentes do capitalismo predatório.

A capacidade de qualidade da abordagem da investigadora fica nitidamente demonstrada, pois enfrenta questões transdisciplinares e complexas em uma linguagem simples, clara, direta e bem fundamentada.

Dividiu seu livro em duas partes e iniciou com as características da racionalidade antropocêntrica, da sociedade de consumo e da economia de crescimento. Na sequência, contextualiza e investiga a obsolescência planejada, trazendo seus contornos e características, na base da sociedade de consumo, procurando demonstrar as consequências sociais e ambientais desta prática. No capítulo seguinte, trabalha na construção teórica do paradigma da sustentabilidade, como uma nova fronteira à falência do atual modelo hegemônico de desenvolvimento, debatendo, ainda neste contexto, os reflexos desta discussão na Economia e no Direito. Finalmente, analisa e reflete sobre o aparato jurídico e jurisprudencial sobre o tema, buscando, de forma original, fundamentar a juridicidade da obsolescência planejada na sociedade líquido-moderna.

Parabenizo a Livraria do Advogado Editora por proporcionar a seus leitores uma obra tão necessária e relevante para os juristas da pós-modernidade. Tenho certeza de que os estudantes de graduação e pós-graduação irão ganhar muito com o livro da Kamila Guimarães de Moraes. Por último, destaco que o Direito Ambiental saiu extremamente beneficiado com esta publicação e só temos muito a agradecer à autora.

Prof. Dr. José Rubens Morato Leite

Professor Associado IV dos cursos de Graduação e Pós-graduação em Direito da Universidade Federal de Santa Catarina – UFSC; Pós-Doutor pelo *Centre of Environmental Law*, Macquarie University – Sydney – Austrália; Doutor em Direito Ambiental pela UFSC, com estágio de doutoramento na Faculdade de Direito da Universidade de Coimbra; Consultor da IUCN – The World Conservation Union – Comission on Environmental Law (Steering Commitee); Presidente do Instituto "O Direito por um Planeta Verde"; coordenador do Grupo de Pesquisa Direito Ambiental e Ecologia Política na Sociedade de Risco, do CNPq. Publicou e organizou várias obras e artigos em periódicos nacionais e estrangeiros. É membro do Conselho Científico da Revista de Direito Ambiental da Editora Revista dos Tribunais, além de ser sócio-fundador da Aprodab – Associação dos Professores de Direito Ambiental do Brasil. Foi tutor do PET/MEC. Bolsista e Consultor Ad Hoc do CNPq e Fapesc. Prêmio Pesquisador Destaque da Universidade Federal de Santa Catarina. 2011.

Sumário

Apresentação – *Melissa Ely Melo*..15

Introdução..17

Parte I
1. Sociedade de consumo: produto da economia crescimentista..........................23
    1.1. Da pré-modernidade à modernidade: o homem e sua relação com o meio ambiente...23
    1.2. Da sociedade de produtores à sociedade de consumo................................31
    1.3. Economia consumista: a busca pelo crescimentismo.................................41

2. A obsolescência planejada como um instrumento da economia crescimentista e as consequências socioambientais deste modelo..........................50
    2.1. Obsolescência planejada: conceito, classificação e histórico......................50
        2.1.1. Obsolescência planejada de qualidade: um novo nome para adulteração..59
    2.2. Crise socioambiental: a falência da sociedade consumista de afluência e os limites biofísicos para o crescimentismo..64
        2.2.1. Efeitos colaterais sociais: do subconsumo ao consumismo e a falácia do PIB..64
        2.2.2. Consequências ambientais: da superexploração dos elementos naturais à superprodução de resíduos sólidos..............................71

Parte II
3. Sustentabilidade na Economia e no Direito: a ecologização dos conhecimentos na busca por um novo paradigma..83
    3.1. A disseminação da preocupação com a questão ambiental e o início do processo de construção de um novo paradigma de desenvolvimento no contexto internacional: do ecodesenvolvimento ao "bem viver"..............84
    3.2. Sustentabilidade na Economia..96
        3.2.1. Economia ambiental "stricto sensu" ou ambiental neoclássica...............97
        3.2.2. Economia ecológica...101
    3.3. Sustentabilidade no Direito..107
        3.3.1. O surgimento de uma nova dimensão de direitos e a fundação do Estado de Direito Ambiental no Brasil...110
            3.3.1.1. A juridicização da noção de sustentabilidade......................114

4. O paradigma da sustentabilidade como fundamento para o enfrentamento da obsolescência planejada: perspectivas jurídicas..........118

4.1. Da Rio92 à Rio+20: a questão dos padrões de produção e consumo..............127

4.2. Legislação e jurisprudência nacionais: alguns instrumentos jurídicos para o enfrentamento da obsolescência planejada de qualidade...........................138

    4.2.1. Código de Defesa do Consumidor....................................139

    4.2.2. Lei da Política Nacional de Resíduos Sólidos...................146

Considerações finais..155

Referências..159

Apresentação

É com grande alegria e satisfação que apresento o livro de Kamila Guimarães de Moraes, intitulado "Obsolescência planejada e Direito: (in)sustentabilidade do consumo à produção de resíduos" e, por cuja aprovação lhe foi outorgado o título de Mestra em Direito pela Universidade Federal de Santa Catarina.

Trata-se de obra bastante inovadora ao enfrentar uma temática em grande medida desconhecida dentro do âmbito jurídico – e do público em geral –, a Obsolescência Planejada, instrumento desenvolvido como estratégia do setor produtivo e que possui reflexos significativos no contexto do consumo de mercadorias e da consequente proliferação de resíduos.

Com a instituição da Política Nacional de Resíduos Sólidos, pela Lei 12.305, de 2010, que tramitou por vinte e um anos no Congresso Nacional, foram delineados princípios, objetivos, instrumentos e diretrizes relativas à gestão integrada e ao gerenciamento de resíduos sólidos, bem como às responsabilidades dos geradores e do Poder Público, além dos instrumentos econômicos aplicáveis à matéria.

Por conseguinte, abriu-se espaço para discussão do tema na doutrina jurídica, tanto na área do Direito Ambiental, quanto do Direito do Consumidor, tendo em vista a sua complexidade e a necessidade de abordagem por meio de enfoque múltiplo. Todos desafios alcançados pela autora com competência ímpar e, ao mesmo tempo, tornando a leitura muito prazerosa, pois não fica restrita ao tratamento dogmático da questão, mas traz uma perspectiva crítica e profunda.

Aproveito a oportunidade para parabenizar a Livraria do Advogado pela publicação da obra que, por sua qualidade, certamente traz vasta contribuição para o enfrentamento do tema. Tanto estudantes quanto pesquisadores e profissionais que lidam com as provocações suscitadas pelo consumo e pela produção de resíduos sólidos encontrarão alicerces relevantes no livro de Kamila Guimarães de Moraes.

Florianópolis, Ilha da Magia, 25 de julho de 2014.

Melissa Ely Melo

Introdução

Desde os primórdios de sua existência, o homem se relaciona e interfere no meio natural. No entanto, essa relação, que no início era de respeito e reciprocidade, com o decorrer dos tempos, tornou-se antropocêntrica, dominadora e predatória, principalmente com o início da Modernidade. Então, fundada nesta razão antropocentrista, a humanidade elegeu como seu fim o progresso e o meio escolhido para se alcançar este objetivo maior foi o ideal crescimentista.[1]

Assim, nesta busca incessante pelo crescimento infinito, a sociedade moderna inaugurou novas formas produtivas que, lastreadas nas inovações tecnológicas e na ciência econômica, fizeram-na acreditar que o seu fim seria alcançado. Dessa forma, no ápice de sua capacidade produtiva, esta sociedade de produtores, cujo ideal de desenvolvimento confunde-se com o de crescimento, inverteu a lógica tradicional de a demanda impulsionar a produção, forjando uma cultura consumista fundadora de uma nova sociedade: a sociedade de consumidores. Tal sociedade, apoiada nos valores da efemeridade e do desperdício, é mantida por diversas estratégias, dentre elas a prática da obsolescência planejada.

Ocorre que, este modelo de desenvolvimento, notadamente a partir da segunda metade do século XX, passou a deparar-se com um adversário implacável em seu caminho: os limites biofísicos da natureza, que, desafiados pela economia crescimentista desta sociedade de consumo, tornaram-se evidentes com a eclosão de uma verdadeira crise civilizacional, na qual os efeitos colaterais sociais e ambientais são cada vez mais perniciosos e explícitos, engendrando a necessidade de profundas reformulações no modo de vida das sociedades atuais, isto é, de uma mudança paradigmática.

Este é o contexto de onde parte a presente obra, que apresenta como tema a prática da obsolescência planejada e o paradigma da

---
[1] O autor Vance Packard utiliza o neologismo "crescimentismo" para designar o ideal de acelerado e infinito crescimento econômico e produtivo.

sustentabilidade ambiental, tendo por objeto a análise da teoria da sustentabilidade, internalizada nas mais diferentes áreas do conhecimento, como fundamento teórico para o enfrentamento da prática da obsolescência planejada, notadamente a de qualidade.

Neste ponto, importa ressaltar que, embora o paradigma da sustentabilidade possa servir para a mitigação de todos os tipos de obsolescência planejada, como recorte metodológico, elegeu-se nesta obra o estudo específico, como se verá de forma mais clara no quarto e último capítulo, do enfrentamento jurídico da obsolescência planejada de qualidade, isto porque, percebeu-se, no transcurso desta pesquisa, que os demais tipos de obsolescência planejada (funcional e de desejabilidade) envolvem questões mais complexas e intrincadas, como os aspectos psicológicos envolvidos na obsolescência por desejabilidade, por exemplo, as quais poderão, inclusive, ser objeto de estudo em uma pesquisa posterior, mais ampla e profunda.

Feitos estes esclarecimentos, tem-se, então, a pergunta que embasa o estudo ora desenvolvido: a prática da obsolescência planejada de qualidade pode ser mitigada, no âmbito nacional, por meio de instrumentos legais brasileiros?

Diante da problemática proposta, e com o intuito de responder a este questionamento, aventou-se como hipótese que, partindo-se do pressuposto da insustentabilidade da prática da obsolescência planejada de qualidade, haja vista acarretar desde a superexploração dos recursos naturais até a superprodução de resíduos sólidos, a utilização de instrumentos legais e jurídicos parece ser um dos caminhos que podem ser eleitos para enfrentar esta prática, desde que interpretados com base no paradigma da sustentabilidade, internalizado no Direito por meio do Estado de Direito Ambiental e na Economia com a teoria da Economia ecológica.

Destarte, figura como objetivo geral desta obra verificar a aplicabilidade jurídica da sustentabilidade, instituída no Direito como um princípio estruturante (ou mesmo inspirador) do Estado de Direito Ambiental, como fundamento paradigmático para o enfrentamento da prática da obsolescência planejada de qualidade, desenvolvida na sociedade líquido-moderna de consumo.

Na condução da pesquisa, adotar-se-á o método de abordagem dedutivo, segundo o qual se aplica a uma situação particular – aqui, a prática específica da obsolescência planejada de qualidade decorrente da economia crescimentista e seu subproduto, o consumismo – uma proposição teórica geral – qual seja, a contribuição da teoria da sustentabilidade para uma mudança paradigmática do atual modelo de desenvolvimento hegemônico –, buscando-se, a partir da análise de um caso específico, uma regra.

Dentre os métodos de procedimento, será utilizado o método histórico, uma vez que será levado em conta o contexto em que se desenvolveu o objeto de estudo, e o método monográfico. Adotar-se-á, ainda, a técnica de pesquisa bibliográfica, a qual abrange as etapas de pesquisa, seleção, leitura e exame do material bibliográfico encontrado – assumindo a autora inteira responsabilidade pelas traduções de obras estrangeiras realizadas no corpo do texto -; bem como o levantamento documental, pois se pretende analisar documentos internacionais e nacionais, relatórios, normas internacionais, leis, jurisprudências e outras fontes semelhantes que abordem o tema em questão.

Importante destacar que no trabalho ora desenvolvido, por se tratar de objeto tão complexo e multifacetado, buscar-se-á realizar uma análise abrangente, porém não exaustiva, a partir de diferentes áreas do conhecimento – Antropologia, Sociologia, Economia e Direito –, para compreensão das origens, causas, consequências e instrumentos de enfrentamento.

Definida a linha condutora da obra, serão abordadas na sequência as questões teórico-conceituais basilares ao seu desenvolvimento.

Parte-se, inicialmente, da questão da racionalidade antropocêntrica, cuja noção dualista separou o homem da natureza, elevando-o a um patamar superior, dominador e exploratório, que o desconectou de suas origens naturais.

Em seguida, entende-se como importante a compreensão do surgimento da sociedade de consumo, na qual o ato de consumir, imprescindível à manutenção da vida, tornou-se a principal meta social, de forma que o consumo transformou-se em consumismo, entendido como o consumo de bens e produtos que ultrapassa a satisfação de necessidades básicas pela criação artificial de novas necessidades, supérfluas. Mas essa sociedade não ocorreu por acaso, foi forjada para manter um sistema econômico crescimentista, o qual defende que o bem-estar e o completo desenvolvimento social só podem ser alcançados por meio de um eterno crescimento, decorrente de padrões de produção e consumo em contínua expansão.

Para manutenção deste sistema, muitas foram as estratégias desenvolvidas, dentre elas a prática da obsolescência planejada, cujo objetivo é tornar produtos manufaturados obsoletos prematuramente.

Nesta conjuntura, com a constatação da crise socioambiental gerada por este modelo de desenvolvimento, surge, no contexto internacional, a teoria da sustentabilidade, cujo sentido ainda está em construção, mas que possui como pressuposto fundamental a inserção das questões sociais e a proteção do meio ambiente como base de vida, das presentes e futuras gerações, no debate sobre o desenvolvimento. Deste debate, iniciou-se um processo de ecologização do conhecimento, pelo qual o paradigma da sustentabilidade foi internalizado nas mais diversas áreas, como na Economia e no Direito.

Com o intuito de possibilitar a compreensão da temática proposta, faz-se imprescindível apresentar ainda as definições de Economia ecológica e de Estado de Direito Ambiental. A primeira entendida como o campo de pesquisa acadêmico transdisciplinar que busca a interdependência e coevolução das economias humanas e dos ecossistemas naturais ao longo do espaço e do tempo, sob uma perspectiva biofísica e sistêmica. Já o Estado de Direito Ambiental pode ser considerado como o Estado de Direito, fundado com o surgimento dos direitos de terceira dimensão, fruto de uma reformulação dos seus princípios jurídicos estruturantes, tendo por pressuposto o paradigma da sustentabilidade.

Para fins estruturais, esta obra se divide em duas partes, com dois capítulos cada, que consistem em momentos distintos e complementares na construção da pesquisa. A primeira parte trará, em termos gerais, os contextos históricos, antropológico, social e econômico geradores da problemática estudada, bem como suas consequências perniciosas. Já a segunda parte se propõe a trabalhar algumas formulações teóricas que vêm sendo desenvolvidas em contraposição ao problema posto, além da aplicação jurídica (prática) destas formulações no enfrentamento do objeto de pesquisa específico.

Assim, no primeiro capítulo, em suma, estudar-se-á a origem e características da atual racionalidade antropocêntrica, da sociedade de consumo, bem como da economia crescimentista.

Já no segundo capítulo se abordará a prática da obsolescência planejada, com enfoque para a de qualidade, como uma estratégia de manutenção da economia crescimentista, dentro da lógica da sociedade de consumo, além das consequências sociais e ambientais deste modelo de desenvolvimento, que, cada vez mais, se mostra completamente insustentável.

Quanto ao terceiro capítulo, far-se-á uma breve análise da construção teórica do paradigma da sustentabilidade, como uma proposta de superação deste atual modelo de desenvolvimento hegemônico, no contexto internacional. Além disso, buscar-se-á analisar como este paradigma vem sendo internalizado em duas áreas do conhecimento:

a Economia e o Direito, eleitas devido a sua grande influência na densificação e implementação de um novo modelo de desenvolvimento.

Finalmente, no quarto e último capítulo, analisar-se-ão os mais destacados documentos internacionais e a legislação e jurisprudência brasileira que abordam a temática dos padrões de produção e consumo, bem como, especificamente, da durabilidade dos produtos, que poderão, partindo-se da construção teórica desenvolvida no terceiro capítulo, servir como instrumentos para o eficaz enfrentamento jurídico da prática da obsolescência planejada de qualidade.

Parte I

1. Sociedade de consumo: produto da economia crescimentista

1.1. Da pré-modernidade à modernidade: o homem e sua relação com o meio ambiente

Para que se possa melhor compreender os rumos tomados pela humanidade na escolha de seu modelo de desenvolvimento atual e as consequências disto para o meio ambiente, antes de tudo, é necessário que se faça uma breve reflexão sobre os tipos de relações que os seres humanos estabeleceram com a natureza ao longo de sua história, enquanto espécie no planeta Terra, até chegarem ao atual estágio civilizatório. Neste sentido, como bem alerta François Ost (1995, p. 30), a análise do processo de economização da natureza não se mostra suficiente; é preciso, além disto, verificar como a racionalidade humana antropomorfizou a natureza, reduzindo-a aos seus interesses exclusivos, para, por fim, submeter os próprios interesses humanos a preferências individuais, como será enfatizado no próximo item.

Contudo, é preciso esclarecer que a história da humanidade é marcada por evidentes "descontinuidades" (GIDDENS, 1991, p. 10), isto é, em perfeita consonância com as inerentes pluralidade e diversidade humanas, não traduz um desenvolvimento linear, lógico e homogêneo, de forma que o recorte metodológico desta breve análise dar-se-á sobre o modelo civilizatório hegemônico, principalmente o eurocêntrico.

Além disto, é preciso afastar-se, nesta reflexão, da ilusão da coexistência humana com uma natureza intocada, pois, desde o seu surgimento como espécie, o ser humano atua e interfere no ambiente onde está inserido. Com efeito, só por sua existência, o ser humano já pesa sobre os ecossistemas, vez que, como qualquer outro ser vivo, retira recursos do ambiente para assegurar sua sobrevivência e rejeita matérias usadas (OST, 1995, p. 30). Nesse sentido, Moran (2008, p. 69) alerta que:

> Se o objetivo também é causar mudanças na maneira pela qual as pessoas se relacionam com a natureza, para tratar da nossa atual crise ambiental, esta é uma suposição [a de possibilidade de um mundo natural sem seres humanos] que nos desvia da realidade de que praticamente todo ecossistema no planeta foi configurado pela ação humana, não apenas nos últimos 10 mil anos, desde o início da agricultura, mas também desde que os hominídeos começaram a caminhar sobre a face da Terra, há milhões de anos. Nossos antepassados podem não ter provocado as condições que vemos no alvorecer do século XXI, mas impactaram constantemente e em todo mundo os ecossistemas por meio da caça, da colheita, do uso do fogo, da mudança do equilíbrio entre predador e presa e até da pressão herbívora sobre as espécies vegetais.

Segundo o autor, as evidências levantadas por recentes estudos antropológicos indicam que nossos antepassados não se adaptavam passivamente ao seu ambiente, mas o modificavam para facilitar a busca por alimentos. Tais estudos revelam que as populações humanas realizavam migrações de curta distância, para lugares cujas condições fossem ao menos semelhantes às do estabelecimento anterior, além de transportarem poucas posses materiais. Entretanto, na maioria das vezes, levavam sementes, plantas e animais que lhes propiciavam segurança no provimento de alimentos. Assim, percebe-se que o primeiro imperativo da sobrevivência humana liga-se à tendência de reprodução dos padrões de produção já conhecidos e comprovadamente bem-sucedidos no passado (MORAN, 2008, p. 69), fato que demonstra a dificuldade dos seres humanos em modificar o modelo de desenvolvimento adotado, mesmo em comunidades não complexas, como as pré-modernas. Portanto,

> embora as pessoas aprendam sobre os novos ambientes ao longo do tempo, é um processo que leva anos, quando não gerações. A "adaptação" inicial resulta da reprodução de modo familiar de produção e reprodução em novos ambientes – e modificando-o aos poucos, à medida que o sucesso ou o fracasso do modo transferido de produção demonstre seu mérito ou demérito em satisfazer as necessidades (MORAN, 2008, p. 69-70).

Ademais, é preciso destacar também que, desde o primórdio de sua existência como espécie em evolução, os seres humanos, ao contrário das outras espécies, simbolizam, isto é, forjam representações dos componentes bióticos e abióticos da natureza em um conjunto de imagens e linguagens que acabam por condicionar os usos que se acham autorizados a fazer desses "recursos naturais".[2] Com isso, o homem humanizou a natureza, possibilitando sua posterior apropriação e transformação (OST, 1995, p. 31).

No entanto, diferentemente do homem moderno, que, liberto de toda cosmologia, transforma desmedidamente o meio natural com sua tecnologia, o homem primitivo mantinha relação de respeito e misticismo com a natureza e, em uma representação holística, não ousava perturbá-la senão para sua própria sobrevivência. Prova disto são os inúmeros registros antropológicos de ritos utilizados pelo homem para equilibrar-se com os elementos naturais ou recompensar as perdas operadas. Há, nessas populações pré-modernas, algumas ainda remanescentes, diga-se de passagem, uma profunda ligação do homem com seu grupo, já que aquele não pode existir fora deste, bem como do grupo com o meio natural, a ponto de não se enxergar/perceber qualquer separação entre pessoas e coisas (OST, 1995, p. 31). Para essas comunidades:

> Por detrás das pedras, das árvores e dos cursos de água perfilam-se deuses, espíritos, enquanto que as coisas prolongam as pessoas, como as terras da linhagem, que são inalienáveis, ou os utensílios da vida corrente que acompanham o defunto na sua sepultura. Pela magia, actua-se sobre as coisas para atingir as pessoas; pelos sacrifícios, actua-se sobre as pessoas para se conseguir a conciliação com as coisas. Assim, a natureza permanece "encantada", ordenada para fins que ultrapassam o humano, não podendo este conceber a sua sobrevivência senão na submissão aos seus ritmos e às suas leis (OST, 1995, p. 31).

Essas populações primitivas, conhecidas como de caçadores-coletores (CC), possuíam como base comportamental as seguintes características: (i) mantinham/conservavam a flexibilidade no tamanho dos seus grupos, o que os destacou na luta pela sobrevivência para povoar o planeta; (ii) mantinham-se em movimentação frequente para reduzir seu impacto sobre os ecossistemas e obter acesso a um conjunto maior de recursos, o que reduzia os riscos em relação à imprevisibilidade do clima e do meio ambiente, sempre enfatizando o valor da partilha e da reciprocidade dos alimentos; e (iii) utilizavam padrões exogâmicos de casamento, assegurando vitalidade aos grupos com a troca de informações genéticas e culturais. A este respeito Moran (2008, p. 77) defende que esses valores comportamentais estabelecidos por nossos antepassados, resultantes de escolhas feitas milhões de vezes ao longo da evolução dos homens no planeta, devem estar no bojo das estratégias para sobrevivência em tempos difíceis.

---

[2] A expressão "recursos naturais" é um exemplo claro desta antropomorfização e subordinação da natureza em favor dos seres humanos por meio da simbolização dos elementos naturais como fonte de recursos para o provimento humano.

Ademais, diversos estudos antropológicos revelaram que estas comunidades de CC aprenderam cedo a arte de domesticação das plantas e dos animais, contudo, relutaram durante muito tempo em abandonar a liberdade e as vantagens associadas ao seu modo de vida, de forma que a transição do modo de produção dos CC para o agropastoril não foi rápida, tanto que esses dois modelos coexistiram durante um longo período de tempo. No entanto, principalmente em função do aumento demográfico das comunidades de CC e da necessidade de se fixarem em determinados locais para o armazenamento de provisões para os tempos de recursos escassos, o modo de produção baseado na caça e na coleta foi superado pela agricultura e pela criação de animais (MORAN, 2008, p. 79-80).

Com as comunidades agropastoris, inaugura-se, então, uma dupla transformação em relação à natureza: a transformação simbólica pelo sentido que o homem passa a impor à sua aliança com o mundo natural, iniciando-se o processo que o transformará de membro para senhor e proprietário da natureza; e a mutação ecológica, resultante da intervenção tão específica do homem no ambiente para "ordenar" os ecossistemas que habita (OST, 1995, p. 32).

Ocorre que, tais populações agropastoris cresceram exponencialmente e começaram a competir por recursos naturais, notadamente pelos melhores territórios para fixação de suas comunidades, como perto de rios ou montanhas. Foi nesse período que alguns grupos transformaram-se de simples comunidades aldeãs em redes de comunidades, os chamados cacicazgos,[3] que proporcionaram a capacidade de mobilizar maiores unidades sociais quando alguma das comunidades interligadas era ameaçada por terceiros (MORAN, 2008, p. 81).

Dentro desta lógica, ter muitos homens capacitados para o campo de batalha era determinante para a conservação de seus territórios. À medida que a insegurança dentro das comunidades crescia, mais pessoas tinham que ser deslocadas da produção de alimentos para a defesa dos estoques desses alimentos. Inevitavelmente, esse ciclo impulsionou a intensificação dos esforços para o desenvolvimento de tecnologias que aumentassem a produtividade de alimentos, com uma quantidade cada vez menor de mão de obra – ou capital humano –, iniciando-se, então, o modo de produção intensivo. Segundo Moran (2008, p. 85),

> a intensificação da produção agrícola assumiu diversas formas: manejo de água, geralmente através da irrigação e do terraceamento; mudança nas combinações mais pro-

---

[3] Unidades políticas autônomas, abrangendo diversas aldeias ou comunidades, sob o controle permanente de um chefe supremo. Estágio intermediário entre tribo e Estado. MORAN, Emílio F. *Nós e a natureza:* uma introdução às relações homem-ambiente. São Paulo: Senac São Paulo, 2008. p. 81.

dutivas; uso de produtos químicos e outros insumos externos; emprego de tecnologia; e utilização mais intensiva da terra e da mão de obra.

Portanto, ao que tudo indica, assim como na mudança da caça--coleta para o cultivo extensivo, a mudança deste último para o cultivo intensivo parece ter sido motivada pelo crescimento populacional, que impôs muita pressão sobre os recursos (MORAN, 2008, p. 82).

Porém, com o desenvolvimento da agricultura, da criação de animais, da silvicultura, do artesanato pré-industrial, e outras tantas transformações do modo de produção destas comunidades pré-modernas, além da garantia de sobrevivência e multiplicação da espécie, os homens passaram a sujeitar o seu ambiente a grandes pressões, implicando a secagem de zonas úmidas, no desmatamento de zonas arborizadas e na rarefação da variedade de espécies selvagens, animais e vegetais, por exemplo (OST, 1995, p. 32).

Além desses fatores, que parecem ter sido determinantes para a modificação da atitude dos seres humanos em relação à natureza, Ost (1995, p. 33) imputa ainda grande parte da responsabilidade por esta mudança às religiões judaica, cristã e islâmica. Segundo o autor, essas três grandes religiões contribuíram de forma significativa para a dessacralização da natureza, concebida por elas como criação divina. Assim, o valor do meio natural passa a ser relativo, subordinado à omnipotência do seu Criador, que o entregou ao homem para seu usufruto (OST, 1995, p. 35). Em suas palavras:

> E, neste modelo, o homem ocupa claramente uma posição intermediária: criado à semelhança dos outros seres vivos, ele dispõe, no entanto, do privilégio exclusivo de participar no plano de Deus, enquanto criado à sua imagem. Desde logo, tudo parece dever passar-se de acordo com uma lógica de delegação em escada: Deus cria o homem à sua imagem, enquanto que, por sua vez, a natureza é subordinada à vontade do homem, de modo a que este a molde para seu usufruto. Dupla separação (entre Deus e a Criação, o homem e a natureza), à qual corresponde uma dupla hierarquia (OST, 1995, p. 35).

Foi apenas uma questão de tempo e oportunidades para que esses povoados pré-modernos em crescimento se desenvolvessem em algo maior e mais complexo, transformando-se no que conhecemos atualmente por cidades. Para Moran (2008, p. 101), estas áreas urbanas proporcionaram não só um local para o comércio, para troca de informações e para os especialistas de uma grande quantidade de habilidades satisfazerem as necessidades de uma sociedade tecnologicamente mais desenvolvida, mas, sobretudo, acarretaram em uma redefinição da natureza das interações entre o homem e o meio ambiente.

Ademais, apesar do surgimento das áreas urbanas terem proporcionado a concentração de forças para o desenvolvimento das artes, tecnologia, educação, ciência e comércio, também acarretaram o distanciamento dos homens da realidade cotidiana do meio ambiente, que, na maioria dos casos, acabou por provocar uma alienação em relação às respostas ambientais diante das perturbações antrópicas. Isso ocorre porque as cidades têm muitas camadas de informações e estágios de transmissão destas informações entre o meio ambiente e os gestores que tomam as decisões relativas às interferências humanas sobre o meio natural. Além disto, é preciso admitir que tais administradores, conforme Moran (2008, p. 107), "são motivados por diversos outros incentivos do que apenas assegurar a boa gestão ambiental, tais como pressões políticas, avaliação incorreta dos recursos, interesses próprios e corrupção", o que acaba por prejudicar, e por vezes impossibilitar, reações corretas diante de impactos ambientais decorrentes do modelo de desenvolvimento humano.

Foi, contudo, a partir do século XV que ocorreu uma verdadeira viragem no movimento progressivo de apropriação da natureza pela espécie humana, com o início do que se convencionou chamar de Modernidade. Foi nesse período que, na Europa ocidental, com a revitalização da herança grega e libertando-se das amarras do pensamento religioso, o movimento Renascentista permitiu uma renovação da filosofia e o desenvolvimento da ciência moderna (MORIN, 2011, p. 18).

Dentro desse processo evolutivo, foi principalmente no século XVII, com a descoberta de que a Terra é que rodava em torno do Sol, e não o contrário, que Copérnico, seguido por Galileu, inaugurou um novo ponto de vista: a partir de então, liberto dos vínculos naturais que lhe designavam um lugar fixo e imutável no Universo, o homem deveria iniciar o incansável processo de compreensão e dominação desse movimento planetário. Neste novo enfoque, a grandeza do homem, no entender de Ost (1995, p. 36),

> tem a ver com a consciência de sua limitação, e a sua força com a exploração que seria capaz de fazer dos seus limites. O seu ponto de vista seria, a partir de agora, o de Sírius, um ponto de vista de domínio e de superioridade, observatório demiúrgico, o qual depressa se compreendia ser o do próprio Deus.

Segundo Ost (1995, p. 37-39), um dos primeiros autores a traçar o programa científico-político desse novo projeto de sociedade foi o chanceler inglês Francis Bacon. Esse programa por ele delineado foi basicamente o de conhecimento e domínio do Universo. Primeiro deve-se compreender, em seguida imitar a natureza, depois aperfeiçoá-la para, por fim, criar o artifício, o autômato, a supranatureza. Coincidência ou não, foram exatamente esses os passos percorridos pela humanidade nos três séculos e meio seguintes por meio da tecnociência.

Nesse cenário, figurando como um dos principais autores do período, René Descartes –, considerado pré-iluminista e também o pai da filosofia moderna –, marcou o pensamento moderno criando um novo caminho para busca da verdade: o método cartesiano. Este método se fundamenta sobre a intuição, que oferece à visão intelectual representações claras e distintas; sobre a divisão, que pressupõe que as coisas devem ser dividas em partes iguais e comparáveis; e ainda sobre a dedução, que implica a passagem lógica de uma grandeza a outra. Desta forma, o método cartesiano se propunha a explicar os problemas mais complexos, já que reduzia a natureza, conforme Ost (1995, p. 43), a um "somatório de matéria fixa, divisível em partes determinadas percorridas de movimentos constantes".

Descartes, em seu discurso dualista, sustentava que havia dois tipos de coisas no Universo: coisas da alma e coisas da matéria. E apenas no homem acontecia a união do espírito com o corpo, tudo mais que existisse na natureza era apenas matéria (OST, 1995, p. 46-47). Esta racionalidade cartesiana sem dúvida alguma legitimou de forma decisiva a apropriação desmedida do meio ambiente pelo homem, agora não mais pelos desígnios de Deus, mas pela soberania da razão humana. Nesse sentido, a noção de um universo orgânico, vivo e espiritual foi substituída pela noção do mundo como uma máquina, um objeto inanimado, e tal mudança radical deu-se pelas novas descobertas nas mais diferentes áreas do conhecimento, resumidas como Revolução Científica (CAPRA, 2006, p. 34).

Prosseguindo-se, entre os séculos XVII e XVIII, surge uma nova corrente intelectual, denominada Iluminismo. A filosofia iluminista buscava por meio de novos valores – razão, cientificidade e liberdade – o afastamento dos resquícios de superstição e tirania da Idade Média. Com isso pretendia o progresso da humanidade, que passou a ser guiado pela razão, um dos pilares do Iluminismo, e se tornou assim a lei inelutável da história (MORIN, 2011, p. 18).

Portanto, verifica-se que o primeiro conceito de natureza, identificado nas culturas arcaicas ou pré-modernas, é o de grande organismo vivo e divino, no qual o homem estava inserido. No entanto, desse conceito "includente" da natureza, que prega uma relação umbilical do homem com o meio natural, caminhou-se na história da relação homem-natureza em direção a um conceito "opositivo", isto é, excludente (MONTIBELLER-FILHO, 2008, p. 36).

No que tange ao conceito "opositivo" entre homem e natureza, apesar de já identificado anteriormente em algumas culturas, sua manifestação mais contundente deu-se inicialmente na Idade Média, a partir das visões antropocêntricas teológica e teleológica, cujas concepções defendiam que o homem possuía o lugar mais elevado na cadeia evolutiva dos seres criada por Deus e de que a natureza tem a finalidade de servir ao homem, respectivamente (MONTIBELLER-FILHO, 2008, p. 37). Em seguida, já na Modernidade, esse conceito opositivo é reafirmado com a visão científica antropocêntrica. Por esta perspectiva a ciência, juntamente com a técnica, realiza o corte absoluto entre o homem e a natureza, sendo que, além de liberar o homem da natureza, acelerando e intensificando a satisfação de suas necessidades, acaba por gerar metanecessidades, isto é, necessidades a serem satisfeitas exclusivamente por uma mediação técnica cada vez mais complexa (MONTIBELLER-FILHO, 2008, p. 40).

Por fim, segundo Montibeller-Filho (2008, p. 41), esse quadro geral de oposicionismo homem-natureza se completa com a instauração do modelo capitalista de forma hegemônica no planeta. Para o autor, em uma interpretação marxista, a exploração ilimitada do mundo natural não teria sido conduzida apenas pela religião, mas principalmente pelo surgimento de uma sociedade subjulgada ao conhecimento científico e fundamentada tanto na propriedade privada quanto na economia monetária.

De qualquer forma, é possível afirmar que com o desenvolvimento técnico-social alavancado a partir da Modernidade, o homem começou a "decifrar" muitas das leis naturais, ganhando autoconfiança para possibilitar o seu domínio sobre as forças da natureza. Portanto, desde a sua origem, o homem age sobre a natureza, mas, o que era carregado de culpabilidade em um primeiro momento, torna-se, na Modernidade, brutal, maciço e dominador (OST, 1995, p. 33). Dessa forma, segundo Boff (2012, p. 23), até o presente momento, o homem vivenciou três diferentes fases de relação com a natureza:

> Inicialmente era uma relação de interação pela qual reinava sinergia e cooperação entre eles; a segunda foi de intervenção, quando o ser humano começou a usar instrumentos [...] para vencer os obstáculos da natureza e modificá-la; a terceira fase, a atual, é de agressão, quando o ser humano faz uso de todo um aparato tecnológico para submeter a seus propósitos a natureza [...].

Essa dominação dos seres humanos sobre o mundo natural, intensificada na terceira fase da relação homem-natureza acima referida, causou impactos científicos, sociais, filosóficos e, principalmente, ambientais, sem precedentes, de maneira que, indubitavelmente, para Giddens (1991, p. 10),

> os modos de vida produzidos da modernidade nos desvencilharam de todos os tipos tradicionais de ordem social, de uma maneira que não tem precedentes. Tanto em sua extensionalidade quanto em sua intensionalidade, as transformações envolvidas na mo-

dernidade são mais profundas que a maioria dos tipos de mudança característicos dos períodos precedentes.

Destarte, compreendido o caminho percorrido pela humanidade na sua relação com a natureza do período pré-moderno à Modernidade, passar-se-á, nos próximos itens, à analise das sociedades modernas sob o viés do consumo, bem como da origem econômica desta nova sociedade consumista, fundada no ideal de crescimento infinito e legitimada por essa racionalidade antropocêntrica e dominadora.

1.2. Da sociedade de produtores à sociedade de consumo

Como visto no item anterior, o homem, desde os primórdios de sua existência, relaciona-se de forma direta com a natureza e, apesar desta relação ter se transformado significativamente ao longo do processo de desenvolvimento da espécie, não há como negar as interferências que o ser humano vem causando no meio ambiente desde o seu surgimento no planeta. Nesse sentido, é possível afirmar que o fenômeno do consumo, entendido como o ato de "adquirir e utilizar bens e serviços para atender às necessidades" (LEONARD, 2011, p. 158), tem raízes tão antigas quanto a história da humanidade (BAUMAN, 2008, p. 37). Contudo, na mesma medida em que a relação homem-natureza se transformou ao longo dos tempos, houve também uma evolução na forma como o consumo se dá, e segundo Bauman (2008, p. 37), qualquer modalidade de consumo típica de um período específico da história pode ser apresentada como uma versão ligeiramente modificada de modalidades anteriores.

Assim, levando-se em consideração o conceito de consumo acima transcrito, Bustamante (2007, p. 9) elenca três tipos de necessidades que são cobertas pelo consumo: básicas, culturais e do sistema produtivo. As primeiras, identificadas pela autora como as necessidades de alimentação e segurança, por exemplo, são insubstituíveis e imprescindíveis para a manutenção da vida humana. Já as culturais são aquelas necessidades vinculadas ao sentido de pertença à determinada classe/comunidade ou relacionadas a hábitos, podendo ser reais ou induzidas. E, por fim, as necessidades do sistema produtivo se referem tanto aos insumos por ele utilizados quanto ao consumo do que foi produzido, o que, como se verá adiante, acarreta na criação artificial de necessidades nos consumidores.

Importante destacar que o consumo que se vincula à reafirmação de sentido de pertença das pessoas, o consumo cultural, nem sempre é induzido. Tais necessidades podem ter origem artificial, vinculando sua base a necessidades concretas do sistema produtivo, mas podem também ser alheias a este sistema e estar de fato relacionadas à história de um povo. Tem-se então que tanto as necessidades básicas quanto as culturais existem desde os primórdios da história da humanidade. Já as necessidades do sistema produtivo apenas passaram a demandar um consumo específico com a Modernidade (BUSTAMANTE, 2007, p. 10).

Dessa forma, pode-se afirmar que a cultura material e o consumo são aspectos fundamentais de qualquer sociedade. No entanto, apenas as atuais sociedades – principalmente as capitalistas e ocidentais[4] –, têm sido caracterizadas como "sociedade de consumo". Isto significa admitir que o consumo está exercendo uma função acima e além daquela satisfação de necessidades materiais e de reprodução social comum a todos os demais tipos de sociedade – antigas e atuais – (BARBOSA, 2010, p. 14). Nesse sentido, Baudrillard (2008, p. 18-19) afirma que:

> Chegámos ao ponto em que o "consumo" invade toda a vida, em que todas as actividades se encadeiam do mesmo modo combinatório, em que o canal das satisfações se encontra previamente traçado, hora a hora, em que o "envolvimento" é total, inteiramente climatizado, organizado, culturalizado. Na fenomenologia do consumo, a climatização geral da vida, dos bens, dos objectos, dos serviços, das condutas e das relações sociais representa o estádio completo e "consumado" na evolução que vai da abundância pura e simples, através dos feixes articulados de objectos, até ao condicionamento total dos actos e do tempo (...).

Diante disso, com o intuito de realizar uma breve análise sociológica dessa transformação do ato de consumir, embora existam diversos autores que trabalhem com esta variável social, o presente item utilizará a teoria da sociedade de consumo desenvolvida por Zygmunt Bauman como fio condutor do raciocínio a ser traçado. Pretende-se desta forma destacar alguns aspectos de fundamental importância para a compreensão da prática da obsolescência planejada, o que não excluirá a utilização de outros autores – como Jean Baudrillard – que estudam esta mesma temática e darão maior consistência e fundamentação teórica às ideias aqui ventiladas.

Neste ponto, vale esclarecer também que a expressão "sociedade de consumo" é um dos inúmeros rótulos que foram cunhados por autores das mais diversas áreas para referenciar a sociedade contemporânea. Contudo, ao contrário de termos como "pós-moderna",

---

[4] Ressalta-se que não só as sociedades capitalistas e ocidentais podem ser consideradas como "sociedades de consumo", vez que, como bem lembram Colin Campbell e Lívia Barbosa no livro "Cultura, consumo e identidade", países como a China atual e a União Soviética na década de 1930 também buscaram desenvolver-se com base nesse modelo consumista. No entanto, o presente trabalho utilizará o modelo atualmente hegemônico, capitalista e ocidental, como recorte metodológico de avaliação e estudo.

"pós-industrial" e "pós-iluminista", que sinalizam a ultrapassagem de uma época, sociedade de consumo, à semelhança das expressões "sociedade da informação", "do conhecimento" ou "de risco", por exemplo, nos remete a uma caracterização peculiar da sociedade atual como uma transformação, e não uma superação da Modernidade (BARBOSA, 2010, p. 7).

Neste sentido, Zygmunt Bauman (2008), ao realizar seu estudo sociológico sobre a sociedade atual, na mesma esteira que Ulrich Beck e Anthony Giddens,[5] identificou duas fases distintas e subsequentes da Modernidade, as quais denominou de modernidade sólida e modernidade líquida, cada qual, embora ambas modernas, com características peculiares, ensejadoras de diferentes tipos de sociedade: sociedade de produtores e sociedade de consumidores, respectivamente.

Segundo o autor, e conforme visto no item anterior, o processo civilizador moderno foi desencadeado pelo estado de incerteza gerado pela desagregação e impotência das comunidades pré-modernas para lidar com as emergentes questões sociais, econômicas e políticas. Tal processo criou o artifício social da "nação", que, à semelhança da "comunidade", tem como objetivo a regularização ou padronização da conduta humana, não mais submetida às pressões homogeneizantes das comunidades pré-modernas. Nesta primeira etapa da Modernidade, a forma de atingir a necessária manipulação dos membros sociais, com a subsequente rotinização das probabilidades comportamentais destes membros, pode ser resumida pela tríade "disciplinar-punir-governar", sendo esta, certamente, uma forma de adesão social incômoda, custosa e tendente ao conflito (BAUMAN, 2008, p. 95-96).

Na fase sólida da Modernidade, cujo marco histórico certamente é a Revolução Industrial, desenvolveu-se o que Bauman (2008, p. 42) denominou de "sociedade de produtores". A apropriação e a posse de bens que garantissem o conforto e o respeito eram as principais motivações dos desejos e anseios desta sociedade, orientada basicamente para a segurança. Nessa era, a posse de um grande volume de bens insinuava uma existência segura, imune aos futuros caprichos do destino.

Assim, sendo a segurança a longo prazo o principal propósito e o valor maior para a sociedade de produtores, os bens adquiridos não

---

[5] Beck e Giddens desenvolveram e difundiram a teoria da sociedade de risco, trabalhando não com a ideia de superação da modernidade, mas teorizando sobre a transformação da modernidade, dividindo-a em duas fases distintas e subsequentes, a primeira modernidade e a segunda modernidade (ou modernidade reflexiva).

se destinavam ao consumo imediato e deviam ser protegidos da depreciação ou dispersão, resguardados do desgaste e da possibilidade de caírem prematuramente em desuso. Apenas bens de fato duráveis, resistentes e imunes ao tempo poderiam oferecer a segurança desejada, de modo que o consumo ostensivo para essa sociedade consistia na exibição pública de riqueza com ênfase em sua solidez e durabilidade (BAUMAN, 2008, p. 43).

Ocorre que, como se verá mais detalhadamente a seguir, com a aceleração da produtividade (aumento da oferta), as sociedades industrializadas adotaram as leis da economia de mercado como leis sociais e optaram por investir no crescimento econômico como estratégia (equivocada) para busca do bem-estar social. Porém, para a concretização desse plano social, precisava-se de consumidores mais ferozes, isto é, de um aumento da demanda (LEONARD, 2011, p. 170). Foi então que profundas mudanças ocorreram no seio dessa sociedade,[6] resultando em uma verdadeira "Revolução Consumista", definida por Bauman (2008, p. 38-39) como:

> A passagem do consumo ao "consumismo", quando aquele [...] tornou-se especialmente importante, se não central, para a vida da maioria das pessoas, o verdadeiro propósito da existência. E quando nossa capacidade de "querer", "desejar", "ansiar por" e particularmente de experimentar tais emoções repetidas vezes de fato passou a sustentar a economia do convívio humano.

Nesta linha, Baudrillard (2008, p. 40) define o consumismo como o desperdício produtivo, quando o supérfluo[7] precede o necessário, e a

---

[6] Bauman não deixa claro em seu estudo quando nem porque tais mudanças estruturais ocorreram. Estas são, inclusive, questões bastante discutidas por diferentes autores que defendem teorias divergentes sobre quando e como surgiu a sociedade de consumo. Há quem defenda, como Colin Campbell, que a Revolução Consumista ocorreu antes mesmo da Revolução Industrial. Contudo, no presente estudo, não se adotará tal perspectiva, nem se adentrará nesse embate doutrinário, restringindo a presente análise às características desse tipo de sociedade, que traduz, de forma hegemônica, grande parte das sociedades atuais. Como dito, os diversos autores que tratam desta temática divergem, também, sobre como teria ocorrido a Revolução Consumista, ou seja, se, como defende Campbell, ela teria surgido a partir de uma nova demanda vinda dos desejos insaciáveis dos consumidores ou se, ao contrário, como defendem Bauman, Baudrillard e Bustamante, por exemplo, teria sido criada artificialmente pelo sistema produtivo para embasar o modelo de crescimento e produtividade infinitos. Certamente, sabe-se que ambos os processos ocorreram, de forma que a construção da sociedade de consumo pode ser imputada a ambos. Contudo, no presente trabalho optou-se por adotar esta última posição, haja vista mostrar-se dominante nos estudos das mais diversas áreas.

[7] A distinção entre necessidades "básicas" e "supérfluas", ou "desnecessárias", depende fundamentalmente das variáveis adotadas no estudo, como o tipo de cultura, a classe social, o sexo, o pressuposto axiológico, etc., de forma que se trata de questão extremamente complexa e nebulosa. Não se entrará nesse tema em específico no presente trabalho, que buscará abordar, de uma forma geral, os impactos socioambientais do aumento exponencial do consumo nas sociedades contemporâneas, as técnicas utilizadas para manutenção desta ordem – com enfoque na obsolescência planejada – e as construções teóricas e práticas realizadas no intuito de reverter e/ou minimizar as consequências desse modo de vida.

despesa precede em valor a acumulação e a apropriação. Por sua vez, Bustamante (2007, p. 10) afirma que o consumismo tem sua origem nas necessidades criadas artificialmente pelo sistema de produção, que as molda como necessidades culturais por meio de diversas estratégias – como a obsolescência planejada, por exemplo. A autora aduz ainda que o fenômeno pode ser definido como:

> Típico da sociedade de consumo em lugares ou setores que não possuem dificuldades econômicas de acesso, caracterizado pela aquisição de produtos e serviços desnecessários, pelo "mero ato de consumir" constituído em hábito e que é considerado como um importante obstáculo para a utilização racional dos recursos naturais limitados (BUSTAMANTE, 2007, p. 10).[8]

Já Bauman (2008, p. 41) salienta que, de maneira distinta do consumo, que é uma ocupação natural dos seres humanos como indivíduos, o consumismo é um atributo da sociedade. E para que uma sociedade adquira esse atributo é preciso que a capacidade individual dos membros sociais de querer, desejar e almejar seja, tal como a capacidade de trabalho na sociedade de produtores, destacada (alienada) dos indivíduos e reificada em uma força externa.

Esta força externa coloca então a sociedade de consumidores em movimento e a mantém em curso como uma forma particular de convívio humano, enquanto, ao mesmo tempo, estabelece parâmetros específicos para as estratégias individuais de vida que são eficazes e manipula as probabilidades de escolha e conduta individuais (BAUMAN, 2008, p. 41). Portanto, para o autor, consumismo é

> um tipo de arranjo social resultante da reciclagem de vontades, desejos e anseios humanos rotineiros, permanentes e, por assim dizer, "neutros quanto ao regime", transformando-os na *principal força propulsora e operativa* da sociedade, uma força que coordena a reprodução sistêmica, a integração e a estratificação sociais, além da formação de indivíduos humanos, desempenhando ao mesmo tempo um papel importante nos processos de auto-identificação individual e de grupo, assim como na seleção e execução de políticas de vida individuais. O 'consumismo' chega quando o consumo assume o papel-chave que na sociedade de produtores era exercido pelo trabalho (BAUMAN, 2008, p. 41).

Dessa forma, com a Revolução Consumista surge um novo tipo de sociedade, característica de uma nova etapa da modernidade, a sociedade líquido-moderna de consumo. No entanto, é importante destacar que, como aponta Orr (1999, p. 141):

---

[8] Tradução livre do original: "fenómeno típico de la sociedad de consumo en lugares o sectores sin dificultades económicas de acceso, caracterizado por la adquisición de productos y servicios innecesarios, por el 'mero hecho de consumir' constituído en hábito, y que es considerado como un importante obstáculo en orden a la utilización racional de lós limitados recursos naturales".

O surgimento da sociedade de consumo não foi inevitável nem acidental. Pelo contrário, resultou da convergência de quatro forças: um conjunto de ideias que afirmam que a Terra existe para o nosso usufruto; a ascensão do capitalismo moderno; a aptidão tecnológica; e o extraordinário acúmulo de riquezas pela América do Norte, onde o modelo de consumo massificado lançou raízes pela primeira vez.

Destarte, foi principalmente após o término da Segunda Guerra Mundial, quando a capacidade de produzir bens de consumo acelerou, e a maior parte da população não tinha renda suficiente para adquiri-los, que o ideal consumista surgiu. Segundo Leonard (2011, p. 173), o empresário Henry Ford teve papel decisivo nessa Revolução Consumista, vez que, a partir de 1914, desenvolveu uma estratégia nos Estados Unidos para forjar uma classe consumidora. Ford, já naquela época, iniciou um processo cujo objetivo era dobrar o salário de seus funcionários e reduzir suas jornadas de trabalho, fazendo com que tivessem mais tempo e dinheiro para consumir. Nas décadas que se seguiram, outras empresas se inspiraram na estratégia de Ford, colaborando para fundar, assim, o consumo de massa.

Sobre o assunto, Baudrillard (2008, p. 96-97) afirma que o consumo sistemático e organizado surge como um modo novo e específico de socialização decorrente do processo iniciado pela emergência de novas forças produtivas, com o ingresso das populações rurais no trabalho industrial, e pela reestruturação de um sistema econômico de alta produtividade. Constitui, conquanto, o equivalente e o prolongamento, no século XX, do processo de racionalização das forças produtivas que ocorreu durante todo o século XIX no setor da produção, alcançando seu termo agora no setor do consumo. Isto é,

> O sistema industrial, depois de socializar as massas como forças de trabalho, deveria ir mais longe para se realizar e as socializar (ou seja, controlá-las) como forças de consumo. Os pequenos economizadores ou consumidores anárquicos do período anterior à guerra, com liberdade de consumir ou não, nada têm a fazer em semelhante sistema (BAUDRILLARD, 2008, p. 96-97).

Nesta nova era, o sistema precisa dos homens não só como trabalhadores, investidores (pelo pagamento de impostos, empréstimos, etc.) mas, cada vez mais, como consumidores, vez que a produtividade do sistema é assumida progressivamente pela tecnologia e o investimento pelas próprias empresas (BAUDRILLARD, 2008, p. 99).

Porém, além destas estratégias inauguradas por Ford, ainda faltava uma motivação para que as pessoas se tornassem consumistas de fato, isto é, era necessária uma mudança mais intrínseca, capaz de atingir o padrão comportamental dos membros sociais. Nesse sentido, tem-se o relato do analista de varejo Victor Lebow (*Apud* LEONARD,

2011, p. 173), que, após o término da Segunda Guerra Mundial, descreveu o que era necessário para fazer a população consumir:

> Nossa economia altamente produtiva [...] exige que transformemos o consumo em nosso modo de vida, que convertamos a compra e o uso de bens em rituais, que busquemos nossa satisfação espiritual, nossa satisfação egoica, no consumo. [...] Precisamos que as coisas sejam consumidas, gastas, substituídas e descartadas num ritmo cada vez mais acelerado.

Desta forma, no caminho que conduz à sociedade de consumo, o desejo humano de estabilidade se transforma de principal ativo do sistema em seu maior risco. E não poderia ser de outro jeito, já que o consumismo, em aguda oposição às formas de vida precedentes, associa a ideia de felicidade à possibilidade de uma igualdade material entre os diversos membros da sociedade, não tanto pela satisfação de necessidades básicas, mas por um volume e uma intensidade de desejos sempre crescentes. Isto é, com a inauguração da sociedade de consumo, todos passaram a ter as "mesmas" oportunidades de desejarem e de possuírem os mesmos bens de consumo, capazes de proporcionar a "verdadeira" felicidade. Esta lógica implica o uso imediato e a rápida substituição dos objetos destinados a satisfazê-la. O consumismo, portanto, no entender de Bauman (2008, p. 45), combina com precisão

> a insaciabilidade dos desejos com a urgência e o imperativo de sempre procurar mercadorias para se satisfazer. Novas necessidades exigem novas mercadorias, que por sua vez exigem novas necessidades e desejos; o advento do consumismo augura uma era de obsolescência embutida dos bens oferecidos no mercado e assinala um aumento espetacular na indústria da remoção do lixo.

O consumo, então, distanciando-se cada vez mais do real, da simples satisfação de necessidades vitais e verdadeiramente culturais, passou a ser ligado à ideia de felicidade, forjada pelo sistema produtivo por diversos meios, como através da publicidade, por exemplo. Assim, neste novo tipo de sociedade, o milagre do consumo se utiliza de todo um arsenal de objetos e signos, que, se adquiridos e utilizados, prometem trazer como recompensa a referência absoluta da sociedade de consumo, o equivalente autêntico da salvação, isto é, a felicidade. Como bem destaca Baudrillard (2008, p. 21-26):

> Vivemos desta maneira ao abrigo dos signos e na recusa do real. Segurança miraculosa: ao contemplarmos as imagens do mundo, quem distinguirá esta breve irrupção da realidade do prazer profundo de nela não participar. A imagem, o signo, a mensagem, tudo o que "consumimos", é a própria tranquilidade selada pela distância ao mundo e que ilude, mais do que compromete, a alusão violenta ao real.

Ademais, tem-se que o ideal de consumo proposto pela sociedade líquido-moderna traz em seu bojo o mito da felicidade de toda a coletividade, que será alcançada através da soma das felicidades individuais e equitativas. Nestes termos, segundo Baudrillard (2008, p. 51), todo o jogo político do *Welfare State* e desta nova sociedade consiste em intensificar o volume do consumo e do individualismo, para, em uma igualitarização automática conquistada por determinada quantidade de bens e serviços adquiridos e usufruídos por cada membro social, chegar-se a um nível de equilíbrio final, que seria o bem estar total para todos.

Ocorre que a força ideológica desta noção de felicidade, forjada pela sociedade de consumidores não deriva de uma inclinação natural de cada indivíduo para a realizar por si mesmo. Na verdade, ela foi fruto de uma construção sócio-histórica, que embutiu nas sociedades modernas o mito da igualdade na ideia de felicidade. Com efeito, toda virulência política e sociológica do ideal de igualdade encontrado na Revolução Industrial e Revoluções do século XIX foi transferida, na sociedade de consumo, para o novo mito da felicidade (BAUDRILLARD, 2008, p. 49).

Contudo, para ser o veículo que levará todos à utopia da completa igualdade neste tipo de desenvolvimento é preciso que a felicidade seja mensurável. Isto é, o bem estar proposto pelo modelo social líquido-moderno deve ser medido por meio de objetos, de signos e do "conforto" enquanto mecanismos de reabsorção das fatalidades sociais e de equalização de todos os destinos. Assim, é possível afirmar que a felicidade consiste no valor supremo da sociedade de consumidores, onde só pode ser alcançada por meio da satisfação da "liberdade de escolha" para ser o que se quiser por meio dos signos culturais disponíveis no mercado (BAUDRILLARD, 2008, p. 49-50).

Então, o que ocorreu de fato na passagem da modernidade sólida para a líquida foi a descoberta ou invenção de um método alternativo de manipular as probabilidades comportamentais necessárias para sustentar o sistema de dominação reconhecido como ordem social e, consequentemente, o modelo de desenvolvimento escolhido. Foi criada outra variedade de "processo civilizador", apresentado como uma marcha rumo à liberdade pessoal e à racionalidade, como um processo gradual que partiu das condições de "não escolha" (pré-moderno), passando pela "escolha limitada" (modernidade sólida), para então alcançar seu último estágio na modernidade líquida: o da soberania da "livre escolha". Esta nova maneira de civilização, praticada pela sociedade líquido-moderna de consumidores, provoca quase nenhuma dissidência, resistência ou revolta, graças ao expediente de apresentar o novo compromisso dos membros sociais (o de escolher ao invés de o de respeitar as imposições) como sendo a liberdade de escolha (BAUMAN, 2008, p. 96-97). Nas palavras de Baudrillard (2008, p. 97):

Toda a ideologia do consumo pretende levar-nos a crer que entrámos numa era nova e que uma "Revolução" Humana decisiva separa a Idade dolorosa e heróica da Produção da Idade eufórica do Consumo, em cujo seio se faz justiça ao Homem e aos seus desejos. Nada disso. Quando se fala de Produção e Consumo – trata-se de *um só e idêntico processo lógico de reprodução amplificada das forças produtivas e do respectivo controlo*. Tal imperativo, que pertence ao sistema, passa para a mentalidade, para a ética e ideologia quotidiana – eis a grande astúcia – na sua forma *inversa*: sob a capa de libertação das necessidades, do desabrochamento do indivíduo, de prazer e abundância, etc.

Além destas características até então referidas, segundo Bauman (2008, p. 50), uma das peculiaridades mais marcantes deste tipo de sociedade é a ressignificação do tempo. O tempo na sociedade líquido-moderna de consumidores não é cíclico nem linear, é "pontilhista". O tempo pontilhista é fragmentado numa multiplicidade de instantes eternos, cada um com potencial infinito de felicidade de uma vida "agorista", que não vê o amanhã. "Na vida agorista dos cidadãos da era consumista o motivo da pressa é, em parte, o impulso de *adquirir e juntar*. Mas o motivo mais premente que torna a pressa de fato imperativa é a necessidade de *descartar e substituir*."

Nesse sentido, segundo Baudrillard (2008, p. 40), a "abundância" da sociedade de consumo está diretamente associada com o desperdício, que, longe de figurar como um resíduo irracional, recebe uma função social "positiva": a de substituir a utilidade racional dos bens materiais. Isso significa que a representação de abundância neste novo tipo de sociedade deixa de ser feita pela posse de bens que sejam de fato úteis e passa a ser realizada pelo excesso e desperdício de bens, sejam eles úteis ou não.

Destarte, para que a abundância se torne um valor na sociedade de consumo é preciso, então, que haja, não o bastante, mas demasiado, ou seja, que se mantenha e manifeste uma diferença significativa entre o necessário e o supérfluo. É por meio desta lente que se faz necessário analisar o imenso esbanjamento da sociedade de consumo, pois é ele que desafia a raridade e que promove a "abundância", constituindo-se como seu fundamento psicológico, sociológico e econômico (BAUDRILLARD, 2008, p. 40-43).

Percebe-se, então, que o sistema produtivo da sociedade de consumo não sobrevive sem o embasamento do desperdício. Contudo, este eterno "suicídio" calculado dos objetos só se opera por meio de uma "sabotagem" tecnológica ou no desuso organizado sob o signo da moda. Além de outros meios, a publicidade, neste campo, realiza o fundamental trabalho de tirar o valor de uso dos objetos, de diminuir o seu tempo/valor, sujeitando-os ao valor da moda e da renovação acelerada (BAUDRILLARD, 2008, p. 45).

Portanto, para Bauman (2008, p. 111), a principal característica que separa de forma mais drástica a cultura consumista prevalecente da sociedade líquido-moderna do consumo de sua predecessora produtivista parece ser a revogação dos valores vinculados respectivamente à duração e à efemeridade. Desta forma, nega-se enfaticamente a virtude da procrastinação e da possibilidade de se retardar a satisfação para um momento posterior (os dois pilares axiológicos da sociedade de produtores), para degradar a duração e valorizar a efemeridade. A síndrome consumista estimula velocidade, excesso e desperdício. Na mesma esteira, Baudrillard (2008, p. 46) afirma que

> A sociedade de consumo precisa dos seus objectos para existir e sente sobretudo necessidade de os *destruir*. O "uso" dos objetos conduz apenas ao seu *desgaste lento*. O valor criado reveste-se de maior intensidade no *desperdício violento*. Por tal motivo, a destruição permanece como a alternativa fundamental da produção: o consumo não passa de termo intermediário entre as duas. No consumo, existe a tendência profunda para se ultrapassar, para se transfigurar na destruição. [...] Só na destruição é que os objetos existem *por excesso*, dando testemunho da riqueza no próprio acto de desaparecimento. De qualquer maneira, é evidente que a destruição, quer sob a forma violenta ou simbólica [...], quer sob a forma de destrutividade, é uma das funções preponderantes da sociedade pós-industrial.

Destarte, como se pode perceber, a sociedade de consumo apenas prospera enquanto consegue vincular a ideia de felicidade à aquisição de bens de consumo, somada à perpétua não satisfação de seus membros. O método explícito para atingir tal efeito é depreciar e desvalorizar os produtos de consumo logo depois de terem sido promovidos no universo dos desejos dos consumidores (BAUMAN, 2008, p. 64).

Segundo Leonard (2011, p. 173), diversas estratégias foram desenvolvidas para que se alcançasse essa meta, dentre as quais as principais são: a) passar lojas locais para *shopping centers*, criando redes de varejo; b) permitir o pagamento posterior (com juros) das compras realizadas pelos consumidores, através, principalmente, dos cartões de crédito; c) eliminar práticas autossuficientes e/ou comunitárias para atender às necessidades básicas; d) fundir a noção de identidade, *status* e consumo com a máxima "você é o que você compra"; e) desenvolver a indústria da publicidade; e f) sistematizar e normatizar os conceitos de obsolescência planejada, objeto do presente estudo, que será melhor analisado no próximo capítulo.

Diante de todo o exposto neste item, verificou-se que a transformação do ato de consumir em consumismo, ocorrida na transição da sociedade de produtores da modernidade sólida, para a sociedade de consumidores da modernidade líquida, é mantida por meio da utopia da abundância que acarreta na prática do desperdício, que, por sua vez, mantém a falsa ideia de abundância. No entanto, como visto, o surgimento desta nova sociedade não foi acidental, mas o resultado da convergência de diversos fatores, como, por exemplo, o desenvolvimento de uma relação antropocêntrica e dominadora do homem com o meio natural. Porém, não há dúvidas de que a adoção hegemônica do modelo econômico fundado na ideia de crescimento infinito teve papel imprescindível para a fundação da sociedade de consumidores com a Revolução Consumista.

Exatamente por isso, será feita a seguir uma análise não exaustiva, porém elucidativa, de como surgiu, como se desenvolveu e como é mantido este sistema econômico até os dias atuais, considerando que, mesmo já tendo dado claros sinais de sua falência, ainda é mantido a todo custo pelos países ditos desenvolvidos e compulsivamente almejado pelos países em desenvolvimento. Compreendida a origem e características desta economia que busca a sua constante expansão, far-se-á, no próximo capítulo, uma descrição e análise da estratégia da obsolescência planejada, utilizada para manutenção deste sistema, bem como de algumas das consequências socioambientais deste modelo.

1.3. Economia consumista: a busca pelo crescimentismo

Segundo Leff (2006, p. 171), é possível afirmar que a economia, entendida como o resultado da relação entre os recursos, notadamente os escassos, e as necessidades humanas para satisfazê-las por meio do consumo, surgiu "a partir do momento em que os povos e as nações começaram a inventar modos de produção que implicavam diferentes formas de apropriação da natureza". Contudo, no início, essas produções baseavam-se em uma economia de subsistência que, ao longo da evolução das comunidades humanas, passou a gerar excedentes, os quais eram concentrados por aqueles que detinham mais poder. Com o desenvolvimento do transporte naval, intensificaram-se as relações de intercâmbio comercial, processo este posteriormente incrementado, no auge do capitalismo mercantil, com a exploração de abundantes recursos naturais dos territórios conquistados pelas potências monárquicas europeias.

Destarte, é com o fim das relações de subsistência, com a inauguração das relações de produção e troca e, posteriormente, com o surgimento da moeda, que se tem, de fato, o começo da economia de mercado representada, inicialmente, pelo capitalismo mercantil. Portanto, embora o pensamento econômico possa ser identificado já desde a Antiguidade, foi apenas na Idade Moderna que ele passou a ser desenvolvido de forma mais sistemática, tornando-se, por fim, uma ciência autônoma (CERQUEIRA, 2001, p. 392). Por esta razão, na presente obra, sem a pretensão de exaurir o tema, far-se-á uma menção, de forma geral, às correntes teóricas do pensamento econômico de maior destaque desde o período mercantil até o pensamento neoclássico, apenas para que se possa compreender os caminhos percorridos até chegar-se à ideia de que a economia de mercado capitalista seria a única capaz de trazer bem-estar à sociedade como um todo e de que só seria possível manter este sistema por meio do crescimento econômico.

Feitos tais esclarecimentos, tem-se que os mercantilistas, característicos do período renascentista, são tidos como os "primeiros economistas" da história do pensamento econômico (CERQUEIRA, 2001, p. 394). Para estes teóricos, a riqueza se traduzia na apropriação de metais preciosos, com a concentração de trabalho na extração destes em minas e/ou com a fabricação de bens que pudessem ser trocados com outras nações por tais metais, bem como na manutenção de um saldo positivo no comércio internacional. Para obter este superávit na balança comercial, os mercantilistas defendiam a exportação de bens com preços baixos e competitivos, o que era obtido por meio da manutenção de baixos salários aos trabalhadores, já que o trabalho representava a principal parte do custo de produção. Dessa forma, para sustentação deste sistema, segundo o paradigma mercantilista, necessitava-se de uma grande quantidade de trabalhadores pobres (DALY, 1989, p. 12-13).

Ainda no período do capitalismo mercantil, em oposição aos mercantilistas, os fisiocratas da França de meados do século XVIII, explicavam a economia como uma lei natural de regência da vida humana e consideravam a agricultura e a terra como as verdadeiras fontes de riquezas. Contudo, o processo de atribuição de todo valor à terra se tornou muito complexo, de forma que tais teóricos acabaram por ser superados (DALY, 1989, p. 13).

Mais tarde, com a instauração do capitalismo industrial, o intercâmbio mercantil se generalizou e passou a se dar de forma cada vez mais desigual entre mercadorias naturais e tecnológicas, surgindo no mundo a ordem econômica. No entanto, esta ordem apenas penetrou no imaginário coletivo de maneira completa no momento em que foi transfigurada como a lei que legitimava o funcionamento da ordem social, e a produção teórica desenvolvida pelos economistas clássicos, notadamente por Smith e Ricardo no século XVIII, teve papel fundamental para tanto, fazendo emergir a ciência econômica (LEFF, 2006, p. 171).

Para estes teóricos, testemunhas dos problemas do mercantilismo e do começo da Revolução Industrial, o trabalho mostrava-se como a verdadeira fonte de riqueza e a origem da produtividade viria da divisão do trabalho e da busca pelo progresso. A principal preocupação da economia clássica, contudo, era descobrir como se distribuía o produto do trabalho entre as classes sociais que contribuíam para gerá--lo (DALY, 1989, p. 13).

Foi já a partir deste momento, do surgimento da ciência econômica, que o ideal de crescimento passou a figurar como um tema fundamental. Nesse sentido, segundo Tamames (1983, p. 35), Adam Smith, em sua obra "Riqueza das Nações", apresentou a forma como o rendimento nacional poderia crescer mais rapidamente, defendendo o progresso na divisão do trabalho aliado à utilização de uma proporção máxima de trabalho produtivo. Ademais, Daly (1989, p. 13) ressalta que este autor defendia que uma "mão invisível" do mercado (a concorrência) era capaz de controlar a economia, evitando que os atores econômicos – sujeitos individualmente considerados – se explorassem entre si, de tal maneira que os interesses particulares seriam proveitosos para o bem social.

Com essa lógica, Smith não fez mais do que sistematizar e racionalizar as tendências da economia britânica daquela época, que, por meio da Revolução Industrial, passou a eliminar os obstáculos institucionais que refreavam a rápida expansão econômica, com a superação do mercantilismo para uma nova ordem, mais flexível, de livre comércio internacional, de supressão dos vestígios feudais e das intervenções estatais no comércio interno. Nas palavras de Tamames (1983, p. 35), neste momento "se abria uma era de optimismo, de confiança na capacidade criadora do homem, de crescimento sem limites, resultado lógico num mundo escassamente povoado e com grandes espaços virgens".

Em síntese, os economistas clássicos pensavam que, a longo prazo, os rendimentos decrescentes dos trabalhadores e o crescimento econômico acabariam por canalizar todo o excedente econômico em forma de renda. No entanto, além dos problemas mediatos, como a superexploração dos recursos naturais, por exemplo, as consequências imediatas desta lógica já demonstravam a sua falência, pois a extrema miséria que reinava entre a classe trabalhadora não deixava dúvidas de que a "mão invisível" não podia impedir de maneira efetiva a exploração entre as classes (DALY, 1989, p. 13).

Foi, então, a partir desta constatação, que Karl Marx fez a sua análise crítica. Para Daly (1989, p. 13-14), Marx, de certa forma, foi um economista clássico, já que também considerava o trabalho como a fonte de riquezas. No entanto, ao contrário dos autores liberais, Marx considerava os atores econômicos não como sujeitos autônomos, mas como pertencentes a classes sociais, e não acreditava que o capitalismo pudesse proporcionar a atuação harmônica entre estas diferentes classes de forma natural (mão invisível). Pelo contrário, o autor via os conflitos cotidianos destas classes de proprietários, detentores dos meios de produção, e operários, detentores da força de trabalho. Dessa forma, Daly (1989, p. 14) afirma que, enquanto os primeiros economistas clássicos se limitaram a reconhecer a possibilidade de que, a longo prazo, poderiam surgir conflitos de classes, para Marx este era um fator econômico central, o que fez da sua visão uma quebra de paradigma.

Portanto, no entendimento de Leff (2006, p. 171), é nesse momento histórico que a economia passa a reger a ordem humana, que, para além do esquema marxista – que vê a evolução da organização social a partir dos seus modos de produção e das condições materiais de existência – estabelece uma racionalidade que começa a dominar a ordem natural das coisas do mundo, as formas de produção de riquezas, as regras de intercambio de mercadorias e o valor da natureza. A ciência econômica nasce, então, dentro da visão mecanicista que fundamenta o paradigma científico na modernidade e, portanto, é estendido ao campo da produção. Assim,

> A economia emerge como ciência da classificação racional de recursos escassos e do equilíbrio dos fatores da produção: capital, trabalho, e esse fator "residual" – a ciência e a tecnologia – em que repousa a elevação da produtividade e que se converteu na força produtiva predominante. Dessa maneira, a natureza é desnaturalizada, fracionada e mutilada; sua organização ecossistêmica e termodinâmica é ignorada e convertida em *recursos naturais* discretos, em matérias-primas usadas como simples insumos no processo de produção, que não são produtoras de uma substância de valor. A natureza é concebida como um bem abundante e gratuito, como uma ordem que tem capacidade própria de regeneração, cuja existência não dependa diretamente do comportamento econômico. A natureza é remetida a um "campo de externalidade" do sistema econômico (LEFF, 2006, p. 172).

Já no século XX, com a depressão econômica iniciada nos anos 1929, parecia que o capitalismo defendido pelos economistas liberais clássicos tinha entrado em uma estagnação definitiva, perspectivando-se, inclusive, a possibilidade de desaparecimento ou de colapso do próprio sistema. Foi então que John Maynard Keynes, reavivando a esperança de sobrevivência do capitalismo, retoma e reformula os postulados da economia clássica (TAMAMES, 1983, p. 50). Ao observar os problemas econômicos dos anos 1930, Keynes, como um autor neoclássico, considerava anômala a não utilização de recursos ofertados, como as mercadorias e a força de trabalho, por exemplo. Portanto, tanto para economia clássica, como para a neoclássica, ambas baseadas na "Lei de Say", cujo pressuposto é de que a demanda é determinada pela oferta,[9] consideram o desemprego como uma aberração. Porém, a realidade social daquele período não deixava dúvidas de que este era um problema central (DALY, 1989, p. 14).

Em suma, a teoria keynesiana defendia que a finalidade da economia de mercado é o lucro (aumento de capital) e para se alcançar este constante aumento é necessário que haja crescimento, cujo motor é a concorrência. Já a produção (*output*), por esta teoria, depende diretamente da quantidade de investimento (*input*) feito, que, por sua vez, depende do convencimento individual da possibilidade de lucro. Investimento, então, significa expectativa de crescimento e, caso haja o seu declínio, haverá declínio no lucro e, consequentemente, na produção (DERANI, 1997, p. 94).

Então, segundo Derani (1997, p. 94-96), toda teoria econômica de Keynes se assenta sobre a produção e o consumo, que atuam em um ciclo de interdependência com o objetivo de ter-se o constante aumento da produção, em uma lógica de crescimento como remédio à recessão econômica. Neste ciclo, a produção motiva e regulamenta o consumo, que, por sua vez, fomenta a produção. Portanto, para o pensamento keynesiano, o consumo depende da produção, não o contrário. Nesse sentido, para Derani (1997, p. 96), no período dos escritos de Keynes, no pré-Segunda Guerra, havia certa naturalidade em crer que o aumento da produção acarretaria no aumento do emprego de mão de obra e na consequente diminuição da recessão. Naquele momento, diferentemente dos dias atuais, o avanço tecnológico não se refletia de maneira tão contundente na expulsão da mão de obra da indústria.

Destarte, segundo Daly (1989, p. 14), os economistas neoclássicos retomaram o atomismo da teoria econômica clássica, considerando novamente os sujeitos individuais, autônomos, como atores econômicos – e não sujeitos às predeterminações das classes, como defendia Marx – introduzindo no processo uma análise diferenciada da atuação da concorrência. Contudo, a transformação mais importante trazida por esta teoria foi a concessão de valor (riqueza) à satisfação das necessidades psíquicas e não mais ao trabalho. Segundo o autor,

---

[9] A Lei de Say, elaborada pelo economista francês Jean Baptiste, defende que a produção está destinada a igual distribuição, isto é, uma população consumirá tudo quanto a economia de sua nação possa produzir. Segundo Vance Packard, a Lei de Say foi concebida em uma época de escassez, no século XIX. Havia tanta pobreza, mesmo dos artigos essenciais à vida, que se supunha existir um mercado pronto e ávido a consumir tudo o que se produzisse. Portanto, dentro desse contexto, tal pensamento fazia sentido. PACKARD, Vance. *Estratégia do desperdício*. São Paulo: IBRASA, 1965. p. 21.

A origem do valor era subjetiva, não objetiva. Não se centraram na distribuição entre as classes, mas na eficiência da alocação de recursos. Como podia uma sociedade satisfazer uma maior quantidade de necessidades partindo de recursos escassos, considerando uma determinada distribuição da riqueza e dos rendimentos entre os indivíduos e as classes sociais? A concorrência pura proporcionaria a melhor alocação (DALY, 1989, p. 14).

No entanto, a atual leitura da teoria econômica keynesiana-neoclássica mede a satisfação das necessidades psíquicas, fonte de riqueza (valor), por meio do produto anual real total, já que as necessidades, por si sós, não podem ser medidas. Ou seja, o produto nacional bruto (PNB), que é um índice de valor de fluxo quantitativo da produção anual, é identificado (equivocadamente) com a satisfação das necessidades sociais (bem-estar social) de um determinado local/país. A distribuição, agora, passa a segundo plano, vez que a meta consiste em fazer um "bolo" maior, de forma que todos possam receber uma "fatia" maior, mantendo-se, entretanto, as mesmas proporções. Nesse sentido, tanto o pleno emprego, como a alocação eficiente dos recursos servem para incrementar o crescimento do PNB real, cujo aumento é imprescindível para se sustentar o pleno emprego. Portanto, o crescimento contínuo tanto do estoque de bens como do rendimento é parte essencial do paradigma neoclássico de crescimento, já que, segundo esta visão, este é o único meio de garantir a base para se alcançar os objetivos prioritários da economia social de mercado (DALY, 1989, p. 14-15).

Assim, o desenvolvimento ou crescimento,[10] dentro da teoria neoclássica, se expressa no aumento nominal do resultado do cálculo do produto interno, cuja valorização se dá pela aplicação crescente de capital, trabalho, recursos naturais (energia e matéria) e tecnologia, aumentando-se, por consequência, produção, transporte e consumo (DERANI, 1997, p. 101).

Segundo Bustamante (2007, p. 89), este modelo de economia fundado na ideia de crescimento constante tem como pontos distintivos considerar a natureza tanto uma provedora infinita de recursos físicos – como matérias-primas, recursos energéticos, água, solo e ar, que podem ser usados para o benefício humano – quanto um sumidouro infinito para os subprodutos do consumo destes benefícios, isto é, a poluição e a degradação ecológica decorrentes da exploração destes

---

[10] Neste paradigma, também chamado "economicismo" e "desenvolvimentismo", crescimento e desenvolvimento são tratados como sinônimos, isto é, há um reducionismo econômico no modelo de desenvolvimento. Montibeller-Filho define economicismo como sendo uma visão unilateral da realidade, que enfoca somente a produção e a produtividade econômicas, desconsiderando as demais dimensões, como a social e a ambiental. No plano prático, este modelo implica a concepção de políticas de desenvolvimento embasadas apenas no crescimento da economia, ao que comumente se chama de desenvolvimentismo.

recursos naturais. Com efeito, esta transferência da abundância de recursos da natureza à economia e a afluência de dejetos devolvidos ao ambiente nunca foram tomados em consideração no pensamento econômico, já que, se por um lado tanto a economia clássica como neoclássica se preocuparam apenas com a alocação dos recursos percebidos como escassos, a economia marxista focava somente na distribuição dos recursos e rendimentos.

Assim, verifica-se que este paradigma econômico defende o uso parcimonioso tão somente dos recursos que são considerados escassos, vez que, segundo a teoria de valor de troca, apenas estes possuem valor. Ou seja, a atribuição artificial de valor apenas aos recursos escassos faz com que o economicismo tenha uma definição limitada de uso eficiente dos recursos – eficiência – (BUSTAMANTE, 2007, p. 89).

Importante destacar aqui que, no que tange à relação homem-natureza – como visto no primeiro item deste capítulo – a ciência econômica, enquanto produto da Modernidade, é fundada sobre o paradigma antropocêntrico. Tal paradigma, repisa-se, pressupõe que os elementos naturais são meros instrumentos a serviço do homem e, por isso, podem ser explorados, manipulados e modificados para atender aos desejos ilimitados deste (BUSTAMANTE, 2007, p. 89). Nesse sentido, Montibeller-Filho (2008, p. 50) destaca:

> Isto faz com que, do ponto de vista ambiental, a natureza seja vista na condição de simples recurso para a produção de bens. Sua utilização, em forma e intensidade, fica subordinada aos interesses econômicos. A ciência econômica, segundo Comeliau e Sachs (1988), ao fundamentar-se no cálculo econômico, ou nos valores de troca, não considera os valores de uso e nem os valores monetários dos bens ambientais não transacionados normalmente no mercado.

Portanto, tanto o antropocentrismo como o cálculo econômico do valor de troca levam ao resultado social da *fetichização* da taxa de crescimento econômico, ou seja, à crença (equivocada, como se verá a seguir) de que a elevação desta taxa levará à melhoria das condições de vida da sociedade. Em função dessa fetichização, tem-se o culto ao crescimento da produção, quantificado, conforme visto, pelo conceito de produto nacional bruto (PNB) ou produto interno bruto (PIB),[11] que por sua vez representa o valor da produção obtida ao longo do ano, mesmo que para isso degrade o meio ambiente e comprometa as possibilidades de produção futuras. Assim, para esta visão, o crescimento da produção é associado ao conceito de crescimento econômico, e este é identificado

---

[11] Destaca-se que PNB e PIB pretendem ser indicadores da realidade econômica do território avaliado, embora não possam ser tratados como sinônimos, pois o primeiro, mais abrangente que o segundo, considera, além das riquezas produzidas dentro das fronteiras de uma determinada região/país, também as rendas que são enviadas e recebidas do exterior.

com o de desenvolvimento econômico. Portanto, as políticas de desenvolvimento decorrentes desta posição se reduzem a ações visando ao crescimento da economia, seja por novos instrumentos e/ou, principalmente, por meio do progresso técnico (MONTIBELLER-FILHO, 2008, p. 50-51).

Então, fundado na ideia de crescimento e na teoria de que é a produção que cria a demanda, o salto do desenvolvimento tecnológico, ocorrido de forma mais notória com a Segunda Guerra Mundial, aumentou drasticamente a produtividade dentro desta economia de mercado, permitindo ao sistema de produção assegurar a sustentação das demandas por ele criadas e, mais, estimular novas demandas (BUSTAMANTE, 2007, p. 9).

Nesse sentido, Abramovay (2012, p. 26-27) alerta que o crescimento econômico, como objetivo autônomo e autorreferente, é a resposta que os últimos cento e cinquenta anos ofereceram à pergunta de qual o sentido da vida econômica. E, apesar de já existirem menções anteriores, esta ideia pode ser identificada com clareza na raiz da formação da macroeconomia desde Keynes até os dias atuais, afastando-se gradativamente de qualquer consideração referente aos seus objetivos que não seja a sua própria expansão. Ou seja, a teoria keynesiana, desenvolvida já na década de 1930, ante a grande depressão econômica do período, foi reafirmada após a Segunda Guerra, recebendo o apoio do progresso técnico que deu novo impulso a esta lógica.

Bauman (2008, p. 82), como visto anteriormente, defende que a passagem da sociedade de produtores para a sociedade de consumidores, ocorrida a partir do pós-Segunda Guerra, pode se revelar como a conquista da vida pelo mercado de bens de consumo, sendo o significado mais profundo desta conquista a elevação das leis escritas e não escritas do mercado à categoria de preceitos da vida, que, se ignorados, são capazes de gerar a exclusão social como punição. Isto é, para que se mantenha uma economia em expansão é preciso que se mantenha uma produção sempre crescente. Havendo produção, deve haver demanda; então, os consumidores serão bons cidadãos se mantiverem o sistema em pleno funcionamento, consumindo de forma cada vez mais intensa e mais acelerada.

Esta economia crescimentista, ditadora das regras sociais na sociedade de consumidores, se alimenta do movimento das mercadorias e é considerada em alta quando o dinheiro muda de mãos rapidamente; e sempre que isso acontece, alguns produtos de consumo estão viajando para o depósito de lixo. Para esse tipo de economia, o foco anterior da sociedade de produtores (de apropriação e acumulação) prenuncia a pior das preocupações, a estagnação, a menos que a aquisição seja complementada pelo impulso de desfazimento e descarte. Então, como visto, para atender a essas novas necessidades, a economia do consumo tem de se basear no excesso e no desperdício (BAUMAN, 2008, p. 51-52).

O excesso e o desperdício, entretanto, apenas se sustentam se manejados e estimulados por meio de múltiplas estratégias. Como exemplos de práticas que se mostram determinantes ou coativas para influenciar diretamente sobre o processo de consumo, Bustamante (2007, p. 9) elenca: (i) o exercício de pressões sobre a percepção das necessidades por meio da publicidade e dos métodos comerciais cada vez mais agressivos, (ii) o extraordinário potencial de desenvolvimento oferecido pelas tecnologias modernas de comunicação, de informação e de intercâmbio, (iii) a incitação ao crédito e ao endividamento, e (iv) a obsolescência programada dos produtos industriais.

Diante de sua grande importância e impacto para a manutenção da lógica de crescimento da economia consumista, bem como da imperceptibilidade da utilização desta prática pela sociedade, optou-se, como recorte metodológico, por delimitar a presente obra na análise da prática da obsolescência planejada, notadamente a de qualidade, e das possíveis soluções teórico-jurídicas para mitigar tal estratégia.

2. A obsolescência planejada como um instrumento da economia crescimentista e as consequências socioambientais deste modelo

> Vivemos o tempo dos objetos: quero dizer que existimos segundo o seu ritmo e em desconformidade com a sua sucessão permanente. Atualmente, somos nós que os vemos nascer, produzir-se e morrer, ao passo que em todas as civilizações anteriores eram os objetos, instrumentos ou monumentos perenes, que sobreviviam às gerações humanas.
>
> *Jean Baudrillard*

2.1. Obsolescência planejada: conceito, classificação e histórico

Na década de 1950, um destacado desenhista industrial dos Estados Unidos, Brooks Stevens, declarou expressamente que toda a economia americana era baseada na prática da obsolescência planejada, vez que o mercado industrial fabricava e divulgava seus produtos de forma a torná-los rapidamente velhos, antiquados, obsoletos, convencendo assim as pessoas a descartá-los pouco tempo após a compra. Segundo o autor, isto não representava um desperdício organizado, mas uma sólida contribuição à economia norte-americana (PACKARD, 1965, p. 50). Como já mencionado em momento anterior, embora a economia crescimentista (modelo econômico ocidental capitalista hegemônico) tenha sido e ainda seja mantida também por outras estratégias,[12] não

---

[12] Segundo Vance Packard, a economia crescimentista de consumo é mantida por meio de nove estratégias: 1) por meio de táticas para incutir no subconsciente social que há sempre lugar para mais coisas (ideia de excesso, abundância); 2) mediante formas de incutir no subconsciente social que o progresso será conquistado pela prática de se jogar fora (desperdício); 3) pela prática da obsolescência planejada de função; 4) pela prática da obsolescência planejada de qualidade; 5) pela prática da obsolescência planejada de desejabilidade; 6) pelo caos planejado, fazendo com que as pessoas percam a noção do valor (preço) real dos produtos; 7) pelas vendas a crédito; 8) por meio do hedonismo para as massas; e 9) pelo aumento populacional. Para mais detalhes, ler a obra: PACKARD, Vance. *Estratégia do desperdício*. São Paulo: IBRASA, 1965.

há dúvidas de que a obsolescência planejada, em todas as suas formas, gera grande parte da demanda consumista de nossa época.

Neste ponto, cumpre destacar que a escassa bibliografia específica sobre o tema demonstra que a teorização sobre a obsolescência planejada – estratégia surgida ainda no século XIX, pouco após a Revolução Industrial – não acompanhou a evolução de sua prática.

Dessa forma, buscar-se-á no presente item demonstrar que os tipos existentes de obsolescência planejada surgiram em momentos históricos distintos e tiveram seu desenvolvimento realizado de formas também diferentes e não lineares. Ademais, mesmo havendo ensaios teóricos sobre esta prática já no início do século XX, atribuindo-lhe diferentes nomes ou mesmo nome algum, entende-se que foi apenas com as inovadoras obras de Vance Packard, *Hidden Persuarders* e *The Waste Makers* (*Estratégias do desperdício*, na tradução para língua portuguesa), publicadas, respectivamente, no final de década de 1950 e início da década de 1960, que se teve um estudo, uma definição, uma classificação e uma sistematização mais abrangentes, precisos e críticos sobre esta prática.

Então, utilizando-se como base teórica o estudo de Packard,[13] o presente trabalho compreende "obsolescência planejada" como a expressão comum utilizada para descrever as mais diversas técnicas adotadas para limitar artificialmente a durabilidade de produtos manufaturados com o objetivo de estimular o consumo repetitivo (SLADE, 2006, p. 5). Assim sendo, é possível defini-la como a redução artificial da durabilidade dos bens de consumo, para que induza os consumidores a adquirirem produtos substitutos antes do necessário e, por consequência, com mais frequência do que normalmente o fariam. Entretanto, segundo Packard (1965, p. 51), existem três formas diferentes de um produto se tornar deliberadamente obsoleto, quais sejam, pela qualidade, pela função e/ou[14] pela desejabilidade, as quais serão devidamente identificadas e definidas no transcorrer do presente item.

---

[13] Apesar desta classificação ter sido feita por Vance Parckard já na década de 1960, optou-se por utilizar esta distinção feita na obra "Estratégias do desperdício" (*The Waste Makers*, na versão original), por vários motivos. Primeiro por sua adequação e abrangência, em seguida, por sua importância histórica, vez que tanto este, como o livro "*Hidden Persuaders*" foram os pioneiros na crítica desta prática, gerando grande repercussão entre os industriais, profissionais da engenharia, do desenho industrial, do design e da publicidade, bem como entre o público em geral. Por fim, porque tal obra, mesmo passados mais de 50 anos, mostra-se ainda atual e seu conteúdo foi pouquíssimo explorado, como bem demonstra a quantidade ínfima de obras que tratam abertamente sobre este tema e o quase completo desconhecimento pela sociedade em geral sobre a prática da obsolescência planejada.

[14] Estes três tipos de obsolescência planejada podem ocorrer conjunta ou separadamente.

Embora o conceito de obsolescência planejada como o conhecemos atualmente tenha surgido apenas no século XX, historiadores relatam o surgimento da sua prática já no século XIX, quando o primeiro cartel mundial de que se tem notícia, conhecido como *Phoebus*, formado por fabricantes de lâmpadas de todo mundo, decidiu que a vida útil de seus produtos deveria ser deliberadamente reduzida por meio de novas tecnologias, obrigando os consumidores a adquirirem novas lâmpadas e aumentando assim o índice de vendas (DANNORITZER, 2011). Isso ocorreu, segundo Slade (2006, p. 13), em decorrência do surgimento de uma grande variedade de materiais mais baratos que se tornaram disponíveis para a indústria na segunda metade do século XIX.

Tem-se aqui, portanto, o surgimento da obsolescência planejada de qualidade, que ocorre quando o produtor deliberadamente projeta o tempo de vida útil do produto, desenvolvendo técnicas ou materiais de qualidade inferior, antevendo sua quebra ou desgaste para redução de sua durabilidade e aumento dos lucros e das vendas (PACKARD, 1965, p. 51). Este primeiro tipo de obsolescência planejada foi registrado como um fato isolado neste período histórico e, como se verá na sequência, foi retomado com mais força nas últimas décadas do século XX, com a inauguração da sociedade de consumo.

Já em 1913, o surgimento dos automóveis de partida elétrica tornaram todos os carros fabricados com a tecnologia anterior obsoletos, o que gerou a rápida substituição destes pelos novos modelos, incrementando fortemente o mercado de automóveis. Foi a partir de então que os produtores industriais passaram a perceber a força mercadológica que a introdução de novas tecnologias poderia gerar, e a prática da obsolescência planejada ganhou notoriedade, especialmente nos Estados Unidos, país que se intitula como criador e maior incentivador desta estratégia para estímulo e aumento do consumo (SLADE, 2006, p. 4).

Aqui se tem, portanto, o marco do desenvolvimento da obsolescência planejada de função ou funcional, estratégia que torna um produto obsoleto com o lançamento de outro produto no mercado, ou do mesmo produto com melhoramentos, capaz de executar a mesma função do antigo de forma mais eficaz. Segundo Packard (1965, p. 51), este seria o tipo de obsolescência mais benéfico, já que, com sua implementação, se poderia desfrutar de um bem de melhor qualidade.

De fato, se o novo bem lançado no mercado for produzido com materiais mais resistentes, mais fáceis de serem decompostos e/ou reintroduzidos no processo produtivo pela reciclagem e reaproveitamento, primar pela ecoeficiência energética, for menos poluente, possuir bases de produção socioambientalmente responsáveis, dentre outros, há que se concordar com Packard, de que este tipo de obsolescência pode ser benéfico. Contudo, outras questões devem ser levadas em consideração nesta análise, já que a substituição de produtos quase sempre implica exploração de novos recursos naturais e novos resíduos sendo descartados no meio, o que acaba intensificando a crise socioambiental vivenciada.

Ademais, Schewe e Smith (1982), em sua classificação dos tipos de obsolescência, alertam para o que chamam de obsolescência adiada, que ocorre quando o produtor tem condições de introduzir melhorias tecnológicas nos bens de consumo, mas apenas o faz quando a demanda por aquele produto declina no mercado. Nesta esteira, Packard (1965, p. 51-52) traz o exemplo do estéreo que teve sua patente original tirada por um britânico em 1931. Contudo, foi apenas no final da década de 1950, quando milhões de fonógrafos haviam sido vendidos e a procura por novas compras estava caindo, que a produção de estéreo foi iniciada, seguida pela campanha de convencimento dos proprietários de fonógrafos de que seus aparelhos eram, agora, inadequados.

É certo que a obsolescência adiada pode ser enquadrada como um tipo de obsolescência planejada funcional, já que lança no mercado um produto com qualidade tecnológica inferior ao patamar já alcançado nas pesquisas, tornando-o posteriormente obsoleto pela introdução das melhorias tecnológicas já desenvolvidas antes mesmo do seu lançamento no mercado. Tal estratégia, muito utilizada pela indústria contemporânea, mostra-se extremamente perniciosa e abusiva, eis que não prima pelo direito do consumidor em ter acesso a produtos de melhor qualidade, não observa a máxima ambiental da necessidade de utilização da melhor tecnologia disponível, assim como não observa o princípio da sustentabilidade (que será melhor estudado no próximo capítulo).

O terceiro e último tipo de obsolescência planejada, segundo a classificação de Packard, ocorreu uma década depois, em 1923, quando executivos da indústria química DuPont migraram para a General Motors (GM), levando consigo novas estratégias de *marketing*. Assim, ao invés de aguardar por inovações tecnológicas capazes de atrair consumidores dispostos a substituir seus carros, a General Motors transformou o estilo em um novo caminho para tornar obsoletos antigos modelos de carros. Segundo Slade (2006, p. 36), o sucesso feito pela "maquiagem" da GM no Chevrolet 1923 indicou que se poderia vender carros mais rapidamente e de forma mais rentável que com a inovação tecnológica, o que, levado a efeito, fez surgir a estratégia do lançamento de, pelo menos, um novo modelo (em termos estéticos) de automóvel por ano. Do ponto de vista produtivo, esta nova prática era superior à obsolescência de função, isto porque a criação de *design* é menos custosa e pode ser produzida por encomenda. Além disso, restou evidente que os consumidores estavam dispostos a trocar seus carros em razão do estilo, e não apenas pelos progressos tecnológicos, muito antes de seus carros estarem desgastados pelo uso.

Tem-se, então, a obsolescência planejada pela desejabilidade, também conhecida como psicológica, de estilo ou perceptível, tida como a estratégia para tornar um produto defasado em decorrência da sua aparência, seu *design*, deixando-o menos desejável (PACKARD, 1965, p. 52). Ou seja, esse tipo de obsolescência planejada torna um produto defasado ainda que seja útil e esteja em plenas condições de uso. Aqui, é o consumidor, envolvido por estratégias de *marketing* e *design*, que opta pela substituição do produto por um mais novo, mais moderno. Sobre este tipo de obsolescência planejada, Bauman (2008, p. 31) discorre que:

> Nos mercados de consumidores-mercadorias, a necessidade de substituir objetos de consumo "defasados", menos que plenamente satisfatórios e/ou não mais desejados está inscrita no design dos produtos e nas campanhas publicitárias calculadas para o crescimento constante das vendas. A curta expectativa de vida de um produto na prática e na utilidade proclamada está incluída na estratégia de marketing e no cálculo de lucros: tende a ser preconcebida, prescrita e instilada nas práticas dos consumidores mediante a apoteose das novas ofertas (de hoje) e a difamação das antigas (de ontem).

Desta feita, em 1932, a obsolescência planejada pela desejabilidade era a regra para os produtores de carros americanos, e essa estratégia foi tão bem-sucedida neste ramo que se espalhou rapidamente para várias outras indústrias, tais como de relógios e rádios. A mudança de modelo anual adotada pelos fabricantes de automóveis é um exemplo, então, da obsolescência psicológica, progressiva, dinâmica ou de desejabilidade. Todos estes termos referenciam o mecanismo de transformar o estilo dos produtos como um modo de manipular os consumidores para o consumo repetitivo. Portanto, tem-se que esta estratégia foi desenhada para colocar o consumidor em um estado de constante ansiedade, baseada na ideia de que tudo que é velho não tem valor nem função e é vergonhoso tê-lo, de forma que, nesta cultura consumista, os *status* hierárquicos são feitos com base não só nos rendimentos pessoais, mas também nos gostos (SLADE, 2006, p. 47-50).

Porém, apesar de todo este histórico da prática de se planejar a obsolescência dos produtos, foi apenas no final da década de 1920 que este conceito, ainda não nos exatos termos como o conhecemos atualmente, apareceu por escrito. Segundo Slade (2006, p. 58), Justus George Frederick pode ser reconhecido como o homem que nomeou expressamente essa estratégia pela primeira vez, embora estivesse se referindo tão somente à obsolescência pela desejabilidade, chamando-a então de "obsolescência progressiva". Tal publicação, colocou-o no topo de um grupo de escritores que, no início de 1930, devotaram especial atenção aos produtos que foram "feitos para quebrar".

Frederick introduziu o conceito de obsolescência de produtos em um artigo publicado na revista *Advertising and Selling* no final de 1928, no qual afirmava que era necessário que se induzissem as pessoas a comprar uma variedade de coisas cada vez maior, não para usá-las, mas para ativar o comércio e para descartá-las depois de um curto tempo. Segundo o autor, o princípio da "obsolescência progressiva" significava comprar para se atualizar, para estar moderno, dentro das regras de eficiência e estilo, e não para utilizar o produto até o seu total desgaste. Percebe-se, então, que Frederick estava tentando elevar a prática da mudança de modelo anual dos automóveis (obsolescência pela desejabilidade) – ensejadora de um perpétuo consumo repetitivo e assim vinculada à ideia de constante crescimento – a um hábito que poderia sustentar a economia (SLADE, 2006, p. 58).

Com efeito, apesar da expressão "obsolescência progressiva" cunhada por Justus George Frederick – primeira denominação da "obsolescência pela desejabilidade" – ter passado despercebida no primeiro ano da Depressão, 1929, a sua prática estava a todo vapor. A competição de *design* dos produtos tornou-se o padrão americano de estratégia de negócio e a obsolescência pela desejabilidade dominou o pensamento corporativista sobre os mais diversos produtos. Para Slade (2006, p. 64), com a Depressão, a direção da indústria americana passou das mãos dos engenheiros para as mãos dos *designers*.

Seguindo as lições de Frederick, em 1932, Sheldon e Arens resolveram cunhar um novo nome para a prática da obsolescência planejada em artigo publicado na Revista *Consumer Enginnering*. Contudo, a fim de contornar possíveis conotações negativas para essa estratégia, elegeram o termo "obsoletismo", cujo período de vida foi tão curto quanto o dos produtos que buscava tornar obsoletos (SLADE, 2006, p. 66-67).

Até que, ainda no ano de 1932, o promitente investidor imobiliário Bernard London escreveu um livreto de vinte páginas que se propunha a solucionar a "depressão" social gerada pela crise financeira, com o título "Acabando com a Depressão através da obsolescência planejada". Nessa obra, defendia a necessidade de instituição e regulamentação da data de "morte" de alguns produtos pelo governo, que deveriam ser entregues em agências governamentais para que fossem eliminados. Com essa estratégia, segundo London, estar-se-ia gerando a compra de novos produtos e, por consequência, mantendo as fábricas em pleno funcionamento (LEONARD, 2011, p. 175). Nas palavras do autor, depois de expirado este prazo de validade,

> estes produtos estariam legalmente "mortos" e deveriam ser controlados por uma agência governamental devidamente nomeada, que os destruiria se o desemprego ainda fosse generalizado. Novos produtos deveriam ser constantemente produzidos e distribuídos pelas indústrias e pelos mercados, para substituírem os produtos obsoletos e manterem as máquinas industriais funcionando a pleno vapor (...). As pessoas deveriam entregar suas coisas usadas e obsoletas para certas agências governamentais (...). Ao entregar seu conjunto de mobiliário antigo, o indivíduo deveria receber da controladoria governamental um recibo que indicasse a data de entrega, natureza e o possível valor dos bens obsoletos, o qual poderia ser utilizado como um cupom de desconto para a compra dos próximos bens (LONDON *Apud* SLADE, p. 74-75).[15]

Com efeito, os historiadores de administração normalmente remetem o surgimento do termo "obsolescência planejada" à década de 1950, contudo, como visto, London antecede esta ideia em vinte anos, embora não tivesse o atual significado de predeterminar a data de morte do produto por fatores internos, isto é, pela função, qualidade ou desejabilidade. Para ele, a data de morte dos bens de consumo era, exclusivamente, um limite externamente imposto por um comitê de especialistas e, depois, cobrado pelo governo (SLADE, 2006, p. 77). Portanto, o termo cunhado por London não possuía, inicialmente, conexão com a imposição de uma data de validade do produto por suas próprias características (função, qualidade, estética). Exatamente por este motivo que a expressão "obsolescência planejada" não alcançou popularidade entre os desenhistas industriais, o que ocorreu apenas com a publicação, em 1936, de um artigo sobre a "durabilidade dos produtos" na revista *Printers´Ink* (SLADE, 2006, p. 79).

Isto porque, o planejamento da obsolescência por fatores relativos ao produto (função, qualidade e desejabilidade) foi expresso muito mais francamente com este artigo especulativo, do autor Leon Kelley, cujo título era "Durabilidade Antiquada: se a mercadoria não se gastar mais depressa, fábricas ficarão paradas e pessoas desempregadas". Nessa publicação, Kelley explicava que o homem acalentou tradicionalmente a noção de que a durabilidade seria o principal aspecto de mérito nos produtos e que quanto mais eles durassem, tanto mais completa seria a compensação obtida pelo dinheiro por eles pago. Tal pen-

---

[15] Tradução livre do original: "these things would be legally 'dead' and would be controlled by the duly appointed governmental agency and destroyed if there is widespread unemployment. New products would constantly be pouring forth from the factories and marketplaces, to take the place of the obsolete, and the wheels of industry would be kept going…people would turn in their used and obsolete goods to certain governmental agencies… The individual surrendering…a set of old dining room furniture, would receive from the Comptroller…a receipt indicating the nature of the goods turned in, the date, and the possible value of the furniture…Receipts so issued would be partially equivalent to money in the purchase of new goods."

samento, como visto no primeiro capítulo, é característico da sociedade de produtores. Segundo o autor, os anunciantes de sua época tendiam a acentuar a durabilidade de seu produto como um aspecto importante, em uma insistência quanto à durabilidade que considerava antiquada e que, do seu ponto de vista, deveria cessar por não corresponder mais as necessidades sociais daquele período histórico (PACKARD, 1965, p. 54-55).

Kelley concluiu que os especialistas de vendas, então, tinham a dura tarefa de modificar a arraigada ideia de durabilidade, o que poderia ser feito pela atenuação deste aspecto ou pela promoção deliberada da efemeridade. Em todo caso, previu que a tendência contra a durabilidade estava firmada e prosseguiria com crescente impulso. No entanto, seria necessário árduo trabalho e estudo a fim de encontrar as respostas certas para as numerosas questões complexas levantadas por essa tendência (PACKARD, 1965, p. 55).

Os anos de guerra interromperam temporariamente a crescente desvalorização da durabilidade notada por Kelley. Entretanto, como se verá a seguir, com o impulso na produtividade gerado pelo incremento tecnológico na década de 1950, o problema da crescente produção industrial não ser acompanhada pelo consumo estava novamente afligindo os produtores, o que acarretou na retomada da valorização da efemeridade (PACKARD, 1965, p. 57-60).

Então, passados vinte anos da publicação de Bernard London, a partir de 1952, o *designer* americano Brooks Stevens desenvolveu estudos sobre a temática, retomando a expressão "obsolescência planejada", da qual afirmava, pública e frequentemente, ser o criador. Apesar dos registros históricos provarem ter sido London quem cunhou tal termo, e que foi a publicação do artigo sobre durabilidade dos produtos da revista *Printers´Ink* que tornou a expressão comumente utilizada pelos profissionais do *marketing*, não há dúvidas de que Stevens foi o seu maior divulgador (SLADE, 2006, p. 152-153).

No entanto, para Stevens, obsolescência planejada não tinha o mesmo alcance atual, restringindo-se simplesmente a obsolescência pela desejabilidade. Assim, tem-se que o termo cunhado por London apenas ganhou destaque na década de 1950, quando foi retomado e passou a ser defendido pelo *designer* industrial Brooks Stevens, porém com uma mudança fundamental: agora tal estratégia não seria imposta aos consumidores, mas apresentada como um instrumento para satisfação dos desejos humanos. Stevens afirmava que a obsolescência planejada objetivava instigar no comprador o desejo de possuir algo um pouco mais novo, um pouco melhor e um pouco mais rápido que o necessário (DANNORITZER, 2011).

Destarte, percebe-se que o discurso de Stevens busca retirar a responsabilidade do produtor, transferindo-a ao consumidor, sob a roupagem da "livre escolha", isto é, substituir um produto "velho" ainda útil por um mais novo não seria mais uma imposição de quem produz, mas uma "opção" de quem consome. Claro que se trata de uma falácia, já que, como visto no item 1.2, é exatamente este o discurso emergente com a sociedade de consumo, cujo "processo civilizatório" se apresenta como a etapa final rumo à liberdade humana. Ocorre que tal liberdade se limita à escolha entre as possibilidades postas pelo sistema. Na sociedade de consumo, a não escolha ou a escolha de opções alternativas àquelas postas pelo mercado são causas de exclusão social, mesmo que implícitas ou maquiadas.

Diante de todo o exposto, a fim de sistematizar as informações sobre os diferentes tipos de obsolescência planejada desenvolvidos neste item, apresenta-se o seguinte quadro sintético:

Obsolescência planejada	Qualidade	Função	Desejabilidade
Conceito	É a estratégia utilizada pelo produtor, que deliberadamente projeta o tempo de vida útil do produto, desenvolvendo técnicas e/ou materiais de qualidade inferior, para reduzir a durabilidade do produto.	É a estratégia que torna um produto obsoleto com o lançamento de outro produto no mercado, ou do mesmo produto com melhoramentos, capaz de executar a mesma função do antigo de forma mais eficaz.	É a estratégia para tornar um produto defasado em decorrência da sua aparência, seu *design*, deixando-o menos desejável.
Surgimento	Surgiu no final do século XIX na produção de lâmpadas, mas ganhou força após a Segunda Guerra Mundial (como será visto no próximo item).	Surgiu a partir de 1913, quando o lançamento dos automóveis de partida elétrica tornou todos os carros fabricados com a tecnologia anterior obsoletos.	Surgiu em 1923, com a "invenção" da GM em mudar o design do Chevrolet 1923, inaugurando a prática do lançamento anual de novos modelos de carros.
Derivações	XXX	Obsolescência funcional adiada – quando o produtor lança no mercado um produto com qualidade tecnológica inferior ao patamar já alcançado nas pesquisas, tornando-o posteriormente obsoleto pela introdução das melhorias tecnológicas já desenvolvidas antes mesmo do seu lançamento.	XXX
Outros nomes	Obsolescência programada	XXX	Obsolescência perceptível, de estilo, psicológica.

Ademais, com o objetivo de sintetizar a evolução teórica das publicações mais importantes sobre esta temática até a obra de Vance Packard, produziu-se a seguinte tabela esquemática:

ANO	PUBLICAÇÃO	AUTOR(ES)	DENOMINAÇÃO	TIPO ABORDADO
1928	Revista Advertising and Selling	Justus George Frederick	"Obsolescência progressiva"	Obsolescência pela desejabilidade
1932	Revista Consumer Enginnering	Sheldon e Arens	"Obsoletismo"	Obsolescência pela desejabilidade
1932	Ending the Depression Through Planned Obsolescence	Bernard London	"Obsolescência planejada"	Determinação do período de vida útil do produto por normas legais (fator externo ao produto)
1936	Revista Printers'Ink	Leon Kelley	Sem nome específico	Obsolescência planejada em geral
1952	XXX	Brook Stevens	"Obsolescência planejada"	Obsolescência pela desejabilidade
1963	The Waste Makers	Vance Packard	"Obsolescência planejada"	Obsolescência pela qualidade, função e/ou desejabilidade

Compreendidos, assim, os diferentes tipos de obsolescência planejada, suas conceituações e histórico, na presente obra, a partir de um recorte metodológico, será dado enfoque à obsolescência planejada de qualidade, ante a imperceptibilidade de sua prática pela sociedade em geral e pelos impactos perniciosos que causa. Desta feita, será priorizado, na sequência, um olhar mais detido a esta prática e sua retomada no pós-Segunda Guerra Mundial, com a inauguração da sociedade de consumo fundada na ideia de crescimento econômico infinito.

2.1.1. Obsolescência planejada de qualidade: um novo nome para adulteração

Durante os duros tempos da década de 1930, as difíceis condições de mercado fizeram com que os produtores passassem a sistematizar e aplicar métodos de pesquisas científicas para o grupo de truques soltos que eram simplesmente chamados de "adulteração" tempos antes, notadamente no final do século XIX, como visto no item anterior (caso das lâmpadas). O termo *adulteração* era utilizado, portanto, para descrever a prática de produção de bens de consumo de má qualidade, manufaturados com materiais e/ou mão de obra de qualidade inferior, não apenas para baixar os custos, mas para incrementar o consumo repetitivo pela quebra do produto ou pelo seu rápido desgaste (SLADE, 2006, p. 77-78).

Portanto, a Depressão de 1929 fez com que os produtores resgatassem a prática da obsolescência planejada de qualidade surgida já no final do século XIX, reiniciando um processo que ganharia força a partir da década de 1950. Inicialmente, estas práticas não tinham um nome específico e, mesmo em documentos internos das corporações, os produtores eram relutantes em referir a existência de políticas de adulteração aplicadas em seus próprios produtos (o que ocorre até os dias atuais). Ainda sim, todos os elementos do que viria a ser conhecido como obsolescência planejada de qualidade já podiam ser claramente identificados na década de 1930. Com efeito, para que tais práticas passassem a ser identificadas como "obsolescência planejada de qualidade" seria necessário apenas que se fizesse a conexão entre a adulteração e (para) o consumo repetitivo. Não há registros exatos de quando isto ocorreu, mas tem-se certeza de que após o fim da Segunda Guerra Mundial, notadamente na década de 1950, essa combinação já havia ocorrido (SLADE, 2006, p. 79-81).

Destarte, segundo Packard (1965, p. 10), as exortações para o aumento do consumo ocorridas, principalmente, a partir da década de 1950, foram inspiradas pelos enormes estoques de mercadorias produzidas, que por sua vez foram causados principalmente pela crescente eficiência da força produtiva dos países industrializados, especialmente dos Estados Unidos, graças, em grande parte, à introdução de equipamentos automatizados nos escritórios e fábricas e ao desenvolvimento de novas tecnologias. Assim, no período pós-guerra, a quantidade de mercadorias e serviços que um homem poderia produzir em uma hora passou a crescer cerca de três por cento cada ano, e essa produção aumentada só poderia ser absorvida se cada cidadão consumisse mais ou se houvesse a cada ano maior número de cidadãos.

Portanto, grande parte da prosperidade das vendas no pós-guerra resultou do fornecimento de produtos muito desejados, quando não muito necessários, após este período de escassez da guerra. Todavia, com o passar dos anos, o limite de saciedade passou a desafiar a continuidade produtiva. Nesse sentido, a depressão econômica ocorrida no final da década de 1950, a pior das depressões do pós-guerra, serviu para muitos como uma aguda advertência em relação ao ideal de contínua expansão econômica pregado pela economia neoclássica. As companhias estavam com grandes estoques de mercadorias, mas os consumidores não estavam comprando com a necessária rapidez (PACKARD, 1965, p. 11-15).

Então, segundo Slade (2006, p. 9), na década de 1950, antes de "produção em massa" se tornar um termo universalmente aceito, os empresários americanos passaram a se preocupar em como evitar o excesso de produção – sem produzir menos, mas vendendo mais. Com este intuito, muitos industriais e comerciantes começaram a falar sobre a necessidade de uma maior obsolescência dos produtos. Seguindo essa tendência, em seu número de fevereiro de 1959, a revista *Dun's Review and Modern Industry* publicou um artigo de Martin Mayer, autor de *Madison Avenue U.S.A.*, intitulado: "Obsolescência planejada: solução para mercados cansados?", no qual defendeu a necessidade do reexame da antiga ética da durabilidade, bem como do desenvolvimento de uma nova ética que encorajasse a fixação da data de morte dos produtos (PACKARD, 1965, p. 60).

Portanto, para se manter, a economia crescimentista dependia da disposição dos consumidores e do governo em gastarem cada ano mais do que haviam gastado no ano anterior. E os economistas alertavam que, sempre que os cidadãos deixavam de aumentar seu consumo geral em pelo menos quatro por cento em determinado ano, estavam provocando uma "depressão por falta de crescimento". Assim, o desejo de manter este modelo de desenvolvimento, como já visto no capítulo anterior, fez com que a necessidade de crescimento fosse expressa cada vez mais explicitamente. Segundo Packard (1965, p. 17-21), crescimento se transformou rapidamente em uma palavra tão sagrada quanto democracia e pátria.

Nesse sentido, a já mencionada Lei de Say, cuja ideia central é a de que a demanda é determinada pela oferta, concebida em uma época de escassez, tornava-se cada vez menos aplicável nesta era de "abundância" da segunda metade do século XX, em que o desejo não acompanhava necessariamente a capacidade de produção. Mais pertinentes à nova era foram os conceitos trazidos por Paul Mazur, sócio de uma firma de investimentos de *Wall Street*, que se tornou reconhecido como eminente apóstolo do consumismo. Em princípios da década de 1950, Mazur observou que a recente depressão nos EUA fora causada porque o comércio não engrenou sua produção de acordo com o que podia claramente ser consumido, ou por não ter feito com que o consumo acompanhasse a produção. Os resultados foram armazéns abarrotados e um mercado deprimido. Assim, nas palavras de Packard (1965, p. 20-22):

O desafio era para desenvolver um público que tivesse sempre apetite tão voraz quanto suas máquinas. O economista-chefe da maior agência de publicidade do mundo, J. Walter Thompson, afirmou em 1960 que os americanos precisariam aprender a expandir seu consumo pessoal em dezesseis bilhões de dólares por ano para manter-se à altura de sua capacidade de produção. Toda essa reserva do que ele chamou de necessidade do consumidor estava esperando a "ativação pela publicidade".

Dessa forma, diante da dificuldade em estimular desejos maiores e em criar novas necessidades, muitos homens de negócios passaram a sentir grande fascinação pela prática da obsolescência planejada de qualidade, surgida no final do século XIX e fortalecida no pós-Segunda Guerra Mundial para ser a quintessência do espírito de jogar fora (PACKARD, 1965, p. 49-50). É certo que parte da responsabilidade pela obsolescência de qualidade poderia ser imputada à pressa da indústria em lançar anualmente novos modelos de seus produtos sem ter o necessário tempo de maturação para desenvolvê-los com uma melhor qualidade. Todavia, grande parte dela se deve à relutância de muitos fabricantes em fazer produtos que se mantenham com seu proprietário por mais que alguns anos (atualmente pode-se falar mesmo em meses), mantendo o foco em um ponto fixo: o volume anual total de vendas em dinheiro (PACKARD, 1965, p. 88).

Se o volume máximo de dinheiro representava (e ainda representa) o objetivo central da indústria, então era grande a probabilidade de três ações serem realizadas: a elevação dos preços, o aumento das vendas e a utilização de estratégias que pudessem assegurar que os compradores fossem voltar ao mercado para adquirir novos produtos antes do que seria normalmente necessário, como a obsolescência planejada de qualidade (PACKARD, 1965, p. 88). Porém, aliada ao controle deliberado para manter uma curta duração de vida dos produtos, a indústria mercadológica desenvolveu uma estratégia complementar imprescindível para o sucesso da obsolescência planejada de qualidade: o alto custo para conservação e conserto dos bens de consumo (PACKARD, 1965, p. 122).

Este alto custo é mantido, por exemplo: i) pelo aumento do número de peças que apresentam defeitos após um curto período de uso; ii) pelo aumento do preço das peças sobressalentes; iii) pela complexificação das peças para dificultar a realização do conserto pelo próprio consumidor (como era usual em tempos passados); iv) pelo aumento da inacessibilidade das peças necessárias para o conserto; v) pela diminuição de informações sobre o produto e suas peças pelos fabricantes; e vi) pelo encorajamento dos consumidores a jogarem fora as peças quebradas, caso não sejam convencidos a jogar fora o produto todo, em vez de consertá-los (PACKARD, 1965, p. 122-126).

Assim, a obsolescência planejada de qualidade e os altos custos de manutenção e conserto, principalmente por sua imperceptibilidade, ajudam a aumentar o volume de negócios das firmas de consertos, dos fabricantes de peças sobressalentes e, ainda, dos industriais que esperam vender novas unidades para substituir as antigas. Os consumidores, por sua vez, em sua grande maioria com uma visão econômica míope, não estão dispostos a encarar o desgaste emocional e o alto custo do conserto, acabando por optar pelo descarte e substituição do produto obsoleto (PACKARD, 1965, p. 123).

Atualmente, a obsolescência planejada, mesmo que de forma não explícita, é amplamente incorporada ao processo de desenvolvimento dos produtos, no qual é decidido como e quando um bem de consumo se tornará obsoleto. Assim, a "data de morte" de um produto já é previamente definida, tanto pelo setor de engenharia de produção como pelo setor de *design*, antes mesmo de sua distribuição no mercado. Esta previsão pode ser facilmente identificada por meio da análise do projeto do seu ciclo de vida, já que a obsolescência consta como uma etapa deste ciclo (CARDOSO, 2010, p. 4).

Portanto, embora a obsolescência planejada tenha sido por muito tempo uma prática inominada e tenha evoluído com diferentes nomenclaturas – como adulteração, obsoletismo, obsolescência progressiva, obsolescência planejada, fixação da data de morte dos produtos, etc. – tem-se que esta estratégia, surgida já no final do século XIX e intensificada de maneira única a partir da segunda metade do século XX, vem sendo indiscriminadamente praticada (de forma camuflada) até os dias atuais. Tal fato pode ser facilmente constatado caso se faça uma breve análise dos produtos ditos "duráveis", que nas últimas décadas tiveram seu período de vida útil flagrantemente reduzido. Com efeito, produtos que duravam mais de trinta anos produzidos nas décadas de 70 e 80, atualmente não duram sequer cinco anos (LEONARD, 2011, p. 175).

Como visto no primeiro capítulo desta obra, tudo isso nada mais é do que o reflexo da lógica da sociedade de consumo, baseada em velocidade, excesso e desperdício, cujas leis sociais, fundadas em uma perspectiva antropocêntrica, são as transcrições das leis de mercado e onde a economia é fundada na ideia de crescimento infinito. No entanto, é certo que o modo de vida consumista trouxe sérias consequências, denominadas por Bauman como "baixas colaterais do consumismo". Segundo o autor, "os danos colaterais abandonados ao longo da trilha do progresso triunfante do consumismo se espalham por todo espectro social das sociedades 'desenvolvidas' contemporâneas." (BAUMAN, 2008, p. 155).

Assim, muito embora haja diversas espécies de efeitos colaterais decorrentes do modo de vida implementado pela sociedade de consumo, as consequências socioambientais propiciadas pelas estratégias que dão suporte à continuidade do consumismo, notadamente pela prática da obsolescência planejada, certamente merecem destaque, vez que põem em risco, inclusive, a continuidade da vida humana no planeta.

2.2. Crise socioambiental: a falência da sociedade consumista de afluência e os limites biofísicos para o crescimentismo

Até o momento, buscou-se verificar os caminhos que foram percorridos pelas sociedades que optaram pelo modelo de desenvolvimento econômico fundado na ideia de crescimento infinito. Viu-se, no primeiro capítulo, como a civilização humana moldou a sua interação com o meio natural, transformando-a em uma relação de dominação altamente predatória. Ademais, verificou-se como a ciência econômica passou a guiar as relações sociais modernas, defendendo a busca de um bem-estar social por meio da constante expansão econômica, lastreada no ideal consumista. Restou evidenciado, também, que muitas foram/são as estratégias da sociedade de consumo para manter este modelo, com destaque para prática da obsolescência planejada, cuja realização é, em grande parte, imperceptível. Dessa forma, entendidas as fundações antropológicas, sociais e econômicas que nos trouxeram até o atual modelo de desenvolvimento e que propiciaram a criação da prática da obsolescência planejada, buscar-se-á, no presente item, destacar algumas das inúmeras consequências socioambientais geradas por este paradigma.[16]

2.2.1. Efeitos colaterais sociais: do subconsumo ao consumismo e a falácia do PIB

Com efeito, os benefícios e o aumento da qualidade de vida proporcionados pelos avanços civilizacionais do padrão de desenvolvimento capitalista ocidental (crescimentista) são inegáveis. No entanto,

---

[16] Neste ponto, é importante destacar que, além dos sérios danos socioambientais, o modelo hegemônico de desenvolvimento crescimentista e consumista acarretou, também, outras crises, inclusive na própria crise econômica, que teve seu mais recente aprofundamento no ano de 2008, perdurando até os dias atuais. Contudo, no presente trabalho, optou-se por dar enfoque, tão somente, à crise socioambiental, cujos resultados, por si sós, demonstram a falência deste paradigma.

é certo que os progressos científico, técnico e industrial impulsionados por este modelo permitiram, por outro lado, a proliferação de armas de destruição em massa (como a nuclear) e provocaram um processo de degradação da biosfera inédito. Ademais, a mundialização do mercado econômico, sem regulação externa nem verdadeira autorregulação, gerou riqueza, mas também zonas crescentes de pobreza, notadamente nos países do sul, suscitando crises em série. Assim, tem-se que a promessa da modernidade foi apenas parcialmente cumprida, criando também riscos mortais para a humanidade, em suas presentes e futuras gerações (MORIN, 2011, p. 7-8).

Na atualidade, muitos países em desenvolvimento têm colocado restrições à prática deste modelo econômico. Contudo, é certo que ele ainda impera de forma hegemônica e é considerado por muitas nações um mal menor, necessário durante as primeiras etapas do desenvolvimento industrial, junto com o rápido crescimento demográfico, para se alcançar um crescimento econômico mais avançado. As atuais sociedades ainda creem, em sua grande maioria, que os danos socioambientais ocasionados por este modelo poderão ser reparados logo que o desenvolvimento tenha chegado a um determinado (utópico)[17] ponto de "equilíbrio" (BUSTAMANTE, 2007, p. 90).

Contudo, este reducionismo econômico do desenvolvimentismo, em verdade, tem gerado importantes problemas sociais e ambientais. Sem dúvida alguma, para os países da periferia do mundo capitalista, tal modelo é especialmente grave quanto ao seu resultado social. Segundo Montibeller-Filho (2008, p. 49-51), o mimetismo tecnológico e dos padrões de consumo dos países de capitalismo avançado realizado pelos países em desenvolvimento dirigem o grosso dos investimentos para atender a uma demanda cada vez mais sofisticada, restando desconsideradas as necessidades de grande parte da população, notadamente a massa de trabalhadores de menor qualificação técnica, participante ou alijada do mercado de consumo.

Isto é, o processo de crescimento econômico deste paradigma de desenvolvimento está alargando profundamente a distância absoluta entre as nações ricas e as nações pobres e entre as classes mais ricas e as classes mais pobres (MEADOWS; et al., 1978, p. 40). Tal fato já foi

---

[17] Com o passar dos anos, esta lógica tem demonstrado claramente a sua inconsistência. Prova disto é a crise econômica mundial, evidenciada a partir do ano de 2008 e perpetuada até os dias atuais nos EUA e na Europa, cujas recessões têm acarretado medidas de austeridade severas, com consequências sociais preocupantes (altos níveis de desemprego, problemas previdenciários, etc.). Neste ponto, é importante que se destaque que tal crise foi deflagrada justamente nos países ditos desenvolvidos, precursores deste modelo de desenvolvimento econômico crescimentista, fato que fornece fortes e incontestáveis indícios da falência deste paradigma, não só nas áreas social e ambiental, mas, principalmente, na econômica.

claramente identificado desde 1972, com a publicação do Relatório "Os limites do crescimento" pelo Clube de Roma, que alertou:

> Uma vez que a produção industrial está crescendo a 7% ao ano, e a população cresce somente a 2%, poderia parecer que os ciclos positivos de realimentação dominantes constituíssem motivo de regozijo. Uma simples extrapolação destas taxas de crescimento sugeriria que o padrão material de vida da população mundial dobrará dentro dos próximos 14 anos. Tal conclusão, contudo, muitas vezes inclui a suposição implícita de que a crescente produção industrial do mundo seja equitativamente distribuída entre todos os cidadãos. A falácia desta suposição pode ser avaliada quando se examinam as taxas de crescimento econômico *per capita*, de algumas nações tomadas individualmente. A maior parte do crescimento industrial do mundo [...] está realmente ocorrendo nos países já industrializados, onde a taxa de crescimento da população é comparativamente baixa. [...] torna muito clara a base do ditado, "O rico torna-se mais rico e o pobre ganha filhos" (MEADOWS; et. al., 1978, p. 37).

Nesse sentido, tem-se que este modelo de desenvolvimento crescimentista, além de pugnar e fomentar o consumismo, acarreta, simultaneamente, o subconsumo, isto é, a falta de acesso ao consumo. Atualmente, milhões de pessoas no mundo enfrentam opções de consumo muito estreitas, o que constitui um grave impedimento para o seu desenvolvimento. O subconsumo de bens e serviços essenciais como de alimentos, por exemplo, é causa de mortes e de condições de vida não aceitáveis em todo o mundo (BUSTAMANTE, 2007, p. 169).

Sobre o tema, o relatório *State of the World* de 2004 evidenciou que o crescimento global do consumo encobre, na verdade, gigantescas disparidades. Tal estudo comprovou que 12% da população mundial, que vive na América do Norte e na Europa ocidental, é responsável por 60% dos gastos pessoais do planeta, enquanto cerca de 34% da população que vive no sul da Ásia e na África subsaariana responde por apenas 3,2%. Em termos globais, isso se traduz na seguinte matemática: 20% da população que reside nos países de maior renda efetua 86% dos gastos pessoais. Já os 20% mais pobres consomem míseros 1,3%. O restante é gasto pela classe média global (WORLDWATCH INSTITUTE, 2004, p. 3-24).

Estudos indicam que em 2009 um sexto da população do planeta, isto é, mais de um bilhão de pessoas, estava vivendo sob o regime de fome severa, consumindo menos do que 1.800 calorias por dia. De forma mais detalhada, isso significa, por exemplo, que os 20% mais ricos do planeta consomem 45% de toda a carne e peixe, 58% da energia gerada no mundo, 84% do papel e são donos de 87% da frota de veículos do planeta; enquanto, por outro lado, os 20% mais pobres consomem, respectivamente, 5%, 4%, 1,1% e 1% destes mesmos bens. Tais porcentagens se repetem, também, dentro de cada país, inclusive dos chamados desenvolvidos. Comprovando esse fato, o autor Robert Frank calculou que, de meados da década de 1970 a meados da década de 1990, 1% dos mais ricos da população norte-americana havia ficado com 70% do crescimento econômico total do país, e este ciclo se perpetua até os dias atuais (LEONARD, 2011, p. 186-188).

Com efeito, para Baudrillard (2008, p. 35), este paradigma de busca pelo crescimento rápido e infinito origina, inevitavelmente, tensões inflacionistas. Parte da população acaba se tornando incapaz de aguentar o ritmo, como acontece com os imigrantes e refugiados, que se transformam então em rejeitados ou excluídos sociais.[18] Diante disso, para se manter, o sistema acaba tendo que amortizar os danos sociais do crescimento, redistribuindo uma parte do produto interno bruto em proveito de investimentos sociais (educação, saúde, pesquisa, etc.). Tais investimentos objetivam, antes de tudo, o crescimento. Isto porque as despesas de compensação privadas ou coletivas destinadas a suprir as disfunções do sistema, mais que buscar as satisfações sociais básicas, servem para ser adicionadas em todas as contabilidades dos índices de crescimento (PBN ou PIB) como uma elevação do nível de vida.

O PIB (ou PNB), porém, muito longe de ser um indicador de "qualidade de vida" ou de bem-estar social, é um cálculo do capital para o capital. Explica-se: na verdade, o que ele apresenta é a quantidade de capital investido e, para que seja considerado positivo – ou em alta –, é necessário que se tenha um aumento deste capital. Em decorrência disso, o que, como, por que e para que algo é produzido são colocados em função do lucro a ser obtido e não se espelham neste cálculo. Assim, dentro desta lógica de produção desenvolvida para o aumento do dinheiro (lucro), a avaliação do PIB mostra, tão somente, o quanto a mais de capital deve ser investido para que a produção (e, portanto, o crescimento) não caia (DERANI, 1997, p. 101).

Neste ponto, percebe-se, então, que a dinâmica do crescimento e da "abundância" deste modelo de desenvolvimento se mostra circular e começa a girar sobre si mesma até o sistema esgotar-se,[19] de modo progressivo, em sua reprodução. Aqui tal paradigma começa a "patinar", já que todo o aumento de produtividade passa a alimentar apenas as condições de sobrevivência do próprio sistema. O único resultado objetivo é, então, o crescimento canceroso dos números e dos balanços, enquanto, no essencial, regressa-se ao estágio civilizacional primitivo, cujas forças se esgotam na preocupação pela sobrevivência, mostrando

---

[18] Sobre o tema, ler a obra "Vidas desperdiçadas", do autor Zygmunt Bauman.

[19] Sobre a questão do esgotamento do sistema ver relatório "Os limites do crescimento", elaborado pelo Clube de Roma.

a ineficácia deste modelo. Sobre o assunto, Baudrillard (2008, p. 36) assevera que:

> Um sistema é ineficaz quando os respectivos gastos são iguais ou superiores ao seu rendimento. Ainda não nos encontramos em tal ponto, mas, vemos já perfilar-se, através dos prejuízos e dos corretivos sociais e técnicos para semelhantes danos, a tendência geral para o funcionamento interno tentacular do sistema – porque os consumos "disfuncionais", individuais ou coletivos, aumentam mais depressa que os consumos "funcionais", o sistema, no fundo, é parasita de si mesmo.

Então, a consideração dos índices de medição de crescimento (PNB e PIB) como indicadores demonstrativos de aumento de qualidade de vida ou bem-estar social é, segundo Baudrillard (2008, p. 36-37), a mais extraordinária ilusão coletiva das sociedades contemporâneas, uma operação de "magia branca" acerca dos números que esconde uma verdadeira "magia negra" de enfeitiçamento coletivo. Isso porque a ginástica das contabilidades nacionais destes índices apenas incluem fatores visíveis e mensuráveis segundo os critérios da racionalidade econômica tradicional. Assim, muitos fatores não são sequer levados em consideração, como o trabalho doméstico não remunerado, a pesquisa, a cultura e os recursos naturais. Por outro lado, podem figurar nela coisas despropositadas, pelo simples fato de serem mensuráveis.

Além disso, tais índices não conhecem o sinal negativo e adicionam tudo, danos e elementos positivos, no mais completo ilogismo, embora não inocente. Neles são somados o valor de todos os produtos e serviços de todos os gêneros, os prejuízos e os respectivos paliativos. Os aspectos deficitários, a degradação ambiental e a obsolescência dos bens não costumam aparecer e se são contabilizados é sob o signo positivo. Mas, apesar de parecer paradoxal que o positivo e o negativo se adicionem desordenadamente, dentro da lógica do sistema econômico crescimentista tudo isso faz sentido porque a verdade é que são os prejuízos compensados, os custos internos de funcionamento, os gastos sociais de endorregulação disfuncional e os setores anexos de prodigalidade inútil que desempenham em tal conjunto o papel dinâmico de locomotiva econômica. Todos estes prejuízos se inserem, de alguma forma, como fatores positivos, como fatores permanentes do crescimento, como impulso da produção e do consumo (BAUDRILLARD, 2008, p. 37-38).

Portanto, percebe-se que grande parte das sociedades atuais amarrou seus destinos a uma organização baseada na ideia de "abundância" (excesso e desperdício), e este sistema está condenado ao crescimento para se manter. Quando ocorre a desaceleração ou parada do crescimento, vem a crise, já que o emprego, as aposentadorias, os investimentos públicos, etc. supõem o aumento constante do produto interno bruto. Então, no fim, o círculo virtuoso do crescimento se transforma em circulo infernal, e a vida dos trabalhadores/consumidores se reduz à vida de um "biodigestor que metaboliza o salário com as mercadorias e as mercadorias com o salário, transitando da fábrica para o hipermercado e do hipermercado para a fábrica" (LATOUCHE, 2009, p. 17).

Porém, se a realidade é difícil para aqueles que não tem acesso suficiente ao consumo (subconsumo), para a parte da população mundial que foi "premiada" com o banquete civilizatório do consumismo as perspectivas também não são muito animadoras e há alguns índices que comprovam esta afirmação. Por exemplo, o Índice de Pobreza Humana do Programa das Nações Unidas para o Desenvolvimento classificou os Estados Unidos, um dos maiores consumidores de energia, papel, minerais e bens manufaturados do mundo, na pior posição entre os países industrializados (ou seja, com o maior índice de pobreza humana entre estes países). Outro indicador, o Índice Planetário de Felicidade, que traduz quanto uma nação converte seus recursos em bemestar social, em 2009, situou este mesmo país na posição 114 entre 143 países avaliados, ficando atrás dos países escandinavos, europeus, da América Latina e de quase todas as outras regiões, exceto do continente africano (LEONARD, 2011, p. 165-166).

Nesse sentido, é certo que o modelo consumista fez com que as dívidas dos consumidores aumentassem em uma taxa duas vezes maior do que suas rendas. Porém, apesar de tantos gastos, os Estados Unidos, por exemplo, enfrentam níveis alarmantes de desigualdade econômica, fome, falta de moradia e de assistência médica (LEONARD, 2011, p. 164). Adicionalmente, na tentativa de quitar estas dívidas e fazer novas, as famílias dos países desenvolvidos têm cada vez menos tempo para atividades de recreação, devido aos seus estilos de vida excessivamente ocupados. Nessas circunstâncias, a voluntariedade da decisão de trabalhar excessivamente é muitas vezes relativa, pois está influenciada por fatores culturais e psicológicos como a percepção da "necessidade" de dinheiro, que unicamente pode ser satisfeita mediante muitas horas de trabalho em detrimento das horas necessárias para o descanso e o lazer (BUSTAMANTE, 2007, p. 170).

Como consequência de tudo isso, pesquisas indicam que os norte-americanos, por exemplo, apresentaram os mais altos níveis de satisfação e felicidade no ano de 1957, quando 35% das pessoas se consideravam "muito felizes", patamar jamais atingido novamente desde então. Aliás, quase todos os indicadores que buscam medir o progresso social nos Estados Unidos, maior propulsor e fomentador do consumismo, mostram que não houve evolução no bem-estar social, apesar do crescimento econômico contínuo do país nas últimas décadas. Pelo contrário, os dados das pesquisas sugerem, em contraposição, uma diminuição da qualidade de vida, vez que, por exemplo, a obesidade atingiu níveis impressionantes entre adultos e crianças, atingiram-se percentuais recordes do número de suicídios entre adolescentes, o uso de antidepressivos triplicou nas últimas décadas e chega a 40 milhões o número de americanos alérgicos às próprias casas, sobrecarregadas de substâncias químicas dos bens e produtos nelas contidos (LEONARD, 2011, p. 163-164).

Parece, portanto, que o materialismo pugnado pelo consumismo torna as pessoas infelizes. Segundo Leonard (2011, p. 164-165), estudos documentam que valores fortemente materialistas estão diretamente associados a uma redução generalizada do bem-estar das pessoas, causando desde baixa felicidade até depressão, ansiedade, problemas físicos e psicológicos. Para Latouche (2009, p. 22-23), nossas sociedades se transformaram em "toxidependentes" do crescimento e

> a toxicodependência do crescimento não é apenas uma metáfora. Ela é poliforma. À bulimia consumista dos fissurados em supermercados e lojas de departamentos corresponde o workaholismo, o vício em trabalho dos executivos, alimentado, conforme o caso, por um consumo excessivo de antidepressivos e até, segundo pesquisas inglesas, pelo consumo de cocaína para os escalões superiores que querem "estar à altura". O hiperconsumismo do indivíduo contemporâneo "turbo-consumidor" redunda numa felicidade ferida ou paradoxal. Os homens nunca alcançaram tamanho grau de derrelição. A indústria dos "bens de consolação" tenta em vão remediar essa situação. Nesse terreno, nós, franceses, somos detentores de um triste recorde: compramos, em 2005, 41 milhões de caixas de antidepressivos.

Para Baudrillard (2008, p. 56), são falsas as afirmações tanto de que o crescimento produz abundância e igualdade, como, o inverso, de que o crescimento é a causa de desigualdade. Para o autor, em verdade, o ideal de crescimento existe justamente para manter a desigualdade. Ou seja, a necessidade que a ordem social desigualitária e a estrutura social de privilégio têm de se manter é que produziria e reproduziria o crescimento como seu elemento estratégico. No entanto, independentemente da ordem dos fatores (se é o crescimento que causa a desigualdade ou a desigualdade que reproduz o ideal de crescimento), o certo é que os pressupostos de crescimento infinito, de equilíbrio entre os fatores de produção e de que a tecnologia é capaz de sanar todos os danos e efeitos colaterais deste sistema, defendidos pelo paradigma neoclássico econômico, não se mostram possíveis dentro de um mundo finito (DALY, 1989, p. 15), restando cada vez mais claro que se trata de uma lógica falaciosa, de uma racionalidade que, a princípio, leva à desnaturalização da natureza e, por fim, à insustentabilidade do próprio processo produtivo (LEFF, 2006, p. 171-172).

Dentro deste contexto, verifica-se que, tanto a falta de acesso ao consumo (subconsumo), determinante da pobreza, como o consumo conspícuo (consumismo) gerados pelo modelo de desenvolvimento hegemônico – crescimentista –, se encontram em pontos extremos das possibilidades do consumo, sendo ambos maléficos. O subconsumo por enfraquecer as possibilidades de vida e desenvolvimento dos rejeitados sociais, gerando (e/ou sendo gerado pelo) desequilíbrio social. Já o segundo, o consumismo, por provocar, além da referida toxicodependência, a degradação ambiental, isto é, o desequilíbrio ecológico, como se verá a seguir (BUSTAMANTE, 2007, p. 161-162).

2.2.2. Consequências ambientais: da superexploração dos elementos naturais à superprodução de resíduos sólidos

Dentro desta crise civilizacional atualmente vivida encontra-se a crise ambiental global, evidenciada a partir de acontecimentos catastróficos vivenciados no século XX, como: i) o acidente da fábrica de pesticidas localizada em Bhopal no ano de 1984, que teve cerca de três mil mortes humanas diretas e mais de dez mil por doenças possivelmente decorrentes da contaminação a que a região foi exposta; ii) o acidente nuclear ocorrido em Chernobyl em 1986, que, além dos impactos ambientais, vitimou cerca de duas mil e quinhentas pessoas; iii) bem como o vazamento do petroleiro da Exxon Valdez em 1989, cujo derramamento de mais de quarenta milhões de litros de petróleo cru na costa marítima do Alasca chocou o mundo ao gerar uma enorme mortandade de exemplares da fauna local, como focas, aves marinhas e lontras (BECK, 2010, p. 7-10).

Embora não haja um consenso doutrinário a respeito das origens desta crise ambiental,[20] é pacífico – como visto no primeiro capítulo – o entendimento de que novos valores passaram a ser incorporados à sociedade por volta do século XVII, caracterizando-se o que se conhece como Modernidade. Esse novo estágio do processo civilizatório trouxe consigo a promessa de progresso, crescimento econômico e bem-estar social por meio do desenvolvimento técnico-científico, acarretando modificações socioambientais nunca antes vivenciadas (FERREIRA, 2010, p. 7).

---

[20] Há autores se contrapõem à teoria de que os valores impostos pela modernidade/iluminismo são as causas da atual crise ambiental. Sobre o assunto ler: LOMBORG, Bjorn. O ambientalismo cético: medindo o verdadeiro estado do mundo. Tradução Ivo Korytowski; Ana Beatriz Rodrigues. Rio de Janeiro: Elsevier, 2002; e FERRY, Luc. A nova ordem ecológica: a árvore, o animal e o homem. Tradução Rejane Janowitzer. Rio de Janeiro: 2009.

Nesse sentido, destaca-se a influência que a ciência econômica teve (e tem) neste processo desencadeador da atual crise ambiental, vez que as suas leis passaram a guiar as relações sociais desde o seu surgimento, na Modernidade, até a atualidade. Destarte, segundo Derani (1997, p. 98-99), um dos postulados da economia é o de que somente um constante crescimento econômico é capaz de garantir a base para se obter objetivos prioritários da economia social de mercado, como o lucro, por exemplo. Assim, para que se possa compreender em que medida este objetivo econômico e a destruição ambiental estão interligados, é necessário esclarecer como é medido o crescimento econômico, quais são os componentes que o constituem e como são valorados os bens pela economia crescimentista vista no primeiro capítulo.

Os dois primeiros pontos já foram trabalhados no item anterior. Isto é, verificou-se que o crescimento econômico é medido pelo PIB (ou PNB) e que em seu cálculo estão contidas apenas as grandezas mensuráveis (não importando se são negativas ou positivas), excluindo-se importantes fatores de tal matemática falaciosa.

Seguindo essa lógica, sobre como são valorados os bens pela economia crescimentista, um primeiro ponto a ser destacado é que, dentro desta teoria econômica, o fator "recursos naturais" não é sequer levado em consideração. Isto porque, a economia neoclássica atualmente prevalecente coloca o início da produção econômica não a partir da apropriação da natureza, mas com a criação do crédito, isto é, com a quantidade de dinheiro necessária para iniciar a produção. Então, este modelo econômico ainda dominante toma por base que a natureza em nada participa do processo de crescimento. Diante disso percebe-se que, ao lado do capital, do trabalho e da técnica, falta, no conjunto da descrição dos elementos da produção econômica, um outro fator também responsável pelo crescimento, que é exatamente aquele cujo valor não entra nas operações aritméticas de *input-output* (apropriação e produção), isto é, a natureza (DERANI, 1997, p. 99-101).

Derani (1997, p. 100) afirma que o afastamento do fator natureza da averiguação do crescimento econômico resulta do fato de a matéria-prima não aumentar depois de finalizado o processo de produção. E um fator que não cresce não poderia contribuir com o crescimento econômico. Ocorre que este é um erro de raciocínio, pois o processo de crescimento é, na realidade, um processo de substituição, de transformação de grandezas (bens naturais para bens manufaturados), de transferência de energia e matéria dentro de um movimento de transformação. Para a autora,

> Este processo de substituição consiste na apropriação dos bens da natureza, tomados pela economia como bens livres, à medida que não recebem no mercado sua devida

tradução em valor monetário e são inseridos de maneira sempre crescente no processo produtivo. Estes bens livres não entram na contabilidade do produto social, embora tenham sido até o momento, ou serão oportunamente, na sua forma natural apropriados para o uso coletivo ou individual (DERANI, 1997, p. 100).

Em seguida, deve-se destacar também que, como visto no primeiro capítulo, esta teoria econômica crescimentista possui uma visão limitada de uso eficiente dos bens ao basear-se no quesito "escassez" para conceder-lhes, artificialmente, um valor de troca (tanto aos fatores de produção, quanto aos bens produzidos). Por esta lógica, apenas os recursos considerados escassos deveriam ser usados eficazmente, o que acarretou na rarefação (e até esgotamento) de bens que eram, outrora, abundantes. É claro que, pela visão econômica míope, a rarefação dos recursos acaba por aumentar o seu valor medido, mas, tratando-se de recursos naturais, este mesmo fator acaba por reduzir a qualidade de vida das pessoas e degrada a funcionalidade do ecossistema no qual está inserido, deixando-o mais vulnerável (BUSTAMANTE, 2007, p. 89).

Contudo, este modelo econômico, pensado em uma época em que se acreditava que a inteligência humana e os avanços tecnológicos possuíam a capacidade combinada para superar todos os problemas que pudessem surgir – com a substituição de bens que fossem esgotados ou se tornassem escassos em função de sua utilização na produção industrial – não concebia a possibilidade conceitual de que a combinação da acumulação do dano e o esgotamento dos recursos poderiam restringir finalmente a produção e as oportunidades humanas (BUSTAMANTE, 2007, p. 89).

Então, este paradigma de desenvolvimento produziu um afastamento (teórico e prático) entre a economia e a natureza, gerando graves equívocos. O primeiro deles se refere ao pressuposto de que os recursos e a capacidade de absorção do planeta são ilimitados. Além disso, acarretou também em uma falha instrumental, qual seja, a falta de consciência da dependência básica da economia humana de um vasto conjunto de recursos físicos e biológicos enquanto materiais, fontes energéticas e alimentos, bem como do equilíbrio dos serviços ecológicos interdependentes dos quais todos nós dependemos (BUSTAMANTE, 2007, p. 90).

Neste sentido, percebe-se que a ciência econômica é a ordem na qual se manifesta mais radicalmente o deslocamento da razão moderna, o desprendimento da teoria de seu referente ontológico. Esta racionalidade transformou o ser humano em *homo economicus*,[21] despojando-o

---

[21] Sobre o assunto, ler: "A sociedade de consumo", de Jean Baudrillard.

de sua relação simbólica com a natureza para submetê-lo à ação mecânica das leis de mercado. Promoveu, ademais, um crescimento sem limites, negando as condições da natureza por possuir uma visão do processo econômico como um fluxo circular fechado de valores econômicos e preços de fatores produtivos. Entretanto, segundo Leff (2006, p. 172-173),

> A natureza está se vingando desse desprezo da humanidade. A degradação ecológica do planeta surge como uma explosão de uma verdade ontológica negada pela teoria econômica. Com a crise ambiental, a economia não enfrenta mais problemas de escassez relativa de recursos – aquela que era resolvida pelo progresso tecnológico e a abertura de novos campos de exploração da natureza –, e sim uma escassez global que não é "natural" e sim gerada pela destruição das condições ecológicas de sustentabilidade da economia global, como resultado dos níveis de entropia gerados em escala planetária pelo processo econômico: desflorestamento e perda da cobertura vegetal, contaminação do ar, água e solos, aquecimento global.

De fato, a crise ecológica atual se caracteriza, principalmente, pela alteração dos grandes mecanismos reguladores da biosfera, já que, agora, são os ciclos biogeoquímicos que estão sendo perturbados (BOURG, 1997, p. 57). Esta crise consiste em um problema complexo e multicausal e não há dúvidas de que o modelo econômico hegemônico, com seus padrões de produção e consumo atualmente adotados, teve papel fundamental para chegar-se a esta realidade. Tal fato foi inclusive admitido de forma expressa por todos os países signatários da Agenda 21, elaborada na Rio92 (Organização das Nações Unidas – ONU –, 1992).

Contudo, diante do antagonismo de informações lançadas na sociedade pelos "detentores do conhecimento", ou *experts* – parte da estratégia do que Beck chama de "irresponsabilidade organizada" – desenvolveu-se uma "lógica negativa do afastamento" pela distribuição, rejeição, negação e interpretação dos riscos gerados pela sociedade contemporânea. Segundo o autor,

> a existência e a distribuição de ameaças e riscos são mediadas de modo invariavelmente argumentativo. Aquilo que prejudica a saúde e destrói a natureza é frequentemente indiscernível à sensibilidade e aos olhos de cada um e, mesmo quando pareça evidente aos olhos nus, exigirá, segundo a configuração social, o juízo comprovado de um especialista para sua asserção "objetiva" (BECK, 2010, p. 32).

Ocorre que, independentemente das interpretações que se fizerem sobre os riscos e danos ecológicos criados pela sociedade contemporânea, o fato é que, como bem esclarece Foladori (2008, p. 117-118) de forma direta e simples, qualquer espécie, inclusive a humana, extrai recursos do meio e gera dejetos. Assim, quando a extração de recursos ou a geração de dejetos é maior do que a capacidade do ecossistema de reproduzi-los ou reciclá-los, estar-se-á frente à depredação e/ou poluição do meio ambiente, o que caracterizará, por si só, uma crise ambiental. E é exatamente isto que os padrões de produção e consumo da sociedade de consumo do modelo econômico crescimentista estão ocasionando.

Já em 1972, o Clube de Roma, em seu relatório "Os limites do crescimento", por meio de um modelo de cálculo científico, previu que, caso mantivéssemos este modelo de desenvolvimento crescimentista, no máximo até o próximo século[22] alcançaríamos os limites de nosso planeta, e todos os sistemas de nossas sociedades (inclusive o econômico-industrial) entrariam em colapso devido ao esgotamento de recursos naturais não renováveis (MEADOWS; et al., 1978, p. 123). Segundo o relatório, tal fato ocorreria da seguinte forma:

> O estoque de capital industrial cresce até um nível que requer uma enorme aplicação de recursos. No processo mesmo desse crescimento, uma grande fração das reservas de recursos naturais disponíveis é esgotada. À medida que os preços dos recursos naturais sobem, e as minas são exauridas, mais e mais capital tem que ser usado na obtenção de recursos, ficando menos para ser investido em crescimento futuro. Finalmente, o investimento não pode acompanhar a depreciação, e a base industrial rui, levando com ela os sistemas de serviços e de agricultura, os quais se tornaram dependentes dos fornecimentos industriais (como fertilizantes, pesticidas, laboratórios hospitalares, computadores, e especialmente energia para a mecanização). Durante um certo tempo a situação fica especialmente grave porque, devido a retardamentos inerentes à estrutura etária e ao processo de ajustamento social, a população continua aumentando. A população finalmente decresce, quando a taxa de mortalidade aumenta, devido à falta de alimentos e serviços sanitários (MEADOWS; et al.,1978, p. 123).

E mesmo que, em uma perspectiva mais otimista, se admitisse que novas descobertas ou avanços tecnológicos pudessem duplicar a quantidade de recursos naturais economicamente acessíveis, ainda assim o resultado seria o mesmo, a humanidade entraria em colapso – mas nesta hipótese por um súbito aumento no nível de poluição causado por uma sobrecarga na capacidade natural de absorção do meio ambiente. Aqui a taxa de mortalidade cresceria abruptamente por causa da poluição e da falta de alimentos e, ao mesmo tempo, os recursos naturais seriam severamente reduzidos, a despeito da duplicação da quantidade disponível, simplesmente porque mais uns poucos anos de crescimento exponencial da indústria seriam suficientes para consumir aqueles recursos extras criados (MEADOWS; et al., 1978, p. 124).

Ora, as previsões feitas pelo Clube de Roma já na década de 1970 nada têm de místicas. Pelo contrário, foram feitas nos mais perfeitos padrões científicos e não é a toa que, guardadas as devidas cautelas e

---

[22] O relatório destaca que o cálculo de atingir o colapso até o próximo século é bastante otimista, pois não leva em consideração acontecimento descontínuos, como guerras e epidemias, que podem exercer influência para o término do crescimento até mesmo antes do previsto.

exceções, vêm se confirmando por meio de importantes indícios. Nesse sentido, além das evidências empíricas dos limites biofísicos da Terra, cujos recursos não são infinitos, existem diversos livros e relatórios de fontes confiáveis que documentam a extrapolação desses limites pelo processo civilizacional moderno, o que poderá acabar com todas as condições necessárias para manutenção da vida humana (STEFFEN, 2003, p. 5).

Por exemplo, apesar de cientistas renomados de todo o mundo já terem estabelecido o limite de 350 partes por milhão (ppm) de dióxido de carbono (CO_2) na atmosfera para que o planeta continue saudável como o conhecemos, em 2009, já havíamos atingido a marca de 387,81 ppm. Outro dado alarmente se refere ao número de espécies extintas que, segundo estas pesquisas, de 1900 ao ano 2000, saltou de um pouco mais de 2.000 para cerca de 20.000 mil espécies. Já o consumo de água, no mesmo período, de 1.000 kilometros cúbicos por ano (km^3/ano) passou para quase 6.000 km^3/ano na década de 2000, submetendo mais de 1,2 bilhão de pessoas à escassez deste recurso finito e cada vez menos abundante (STEFFEN, 2003, p. 5).

Especialistas preveem que, seguindo este ritmo de crescimento, em 2025, três quartos da população do planeta irá sofrer com falta de água, o que a transformará no próximo "petróleo" da humanidade. Em nível mundial, a produção acelerada da economia crescimentista gera a perda média de mais de 7 milhões de hectares de florestas por ano ou 20 mil hectares por dia – isso representa a extinção de 50 mil espécies de árvores todos os anos. Ademais, a extração de pedras, metais, minerais, carvão e petróleo para sustentar nosso modelo de produção e consumo, além de ser uma atividade super poluente e invasiva, vez que destrói completamente todo o ecossistema do local da extração, vem tornando tais insumos cada vez mais escassos de forma acelerada, gerando guerras e graves crises (LEONARD, 2011, p. 32-50).

Segundo Moran (2008, p. 20-21), foi principalmente nos últimos cinquenta anos que o impacto que a humanidade causa à Terra, isto é, em uma escala planetária, foi de tamanha gravidade que não se tem precedentes. Tal impacto é evidenciado, como visto, pelos estudos científicos que mostram o crescimento exponencial do dióxido de carbono, as taxas exponenciais da redução do ozônio e das concentrações de óxido nitroso da atmosfera, as perdas aceleradas das florestas tropicais, os aumentos na frequência de desastres naturais e da extinção de espécies. O mesmo pode ser afirmado em relação ao consumo de agrotóxicos, assoreamento e poluição dos rios e lençóis freáticos, ao uso de água, ao consumo de papel, dentre outros.

A tais problemas soma-se, principalmente a partir do final do século XX, devido ao aumento da taxa demográfica mundial, ao aumento indiscriminado do consumo e às inovações industriais, uma nova questão: a incapacidade de gerirmos de forma eficiente e sustentável os resíduos sólidos produzidos em quantidade cada vez maior e de qualidade cada vez mais perigosa.

Como visto no item anterior, a obsolescência planejada de qualidade (sem falar nos tipos de função e de desejabilidade), como arma absoluta do modelo crescimentista da sociedade de consumo, tem aposentado aparelhos e equipamentos de todos os tipos – desde lâmpadas elétricas até pares de óculos – em prazos cada vez mais curtos, por meio da geração de falhas intencionais destes produtos. Como os consertos, em sua grande maioria, saem mais caros do que a compra de novos produtos para substituir os antigos, montanhas de computadores se juntam a televisores, geladeiras, lava-louças, telefones celulares, dentre outros, abarrotando lixos e locais de descarte com diversos riscos de poluição. Atualmente, sabe-se que 150 milhões de computadores são transportados todos os anos para depósitos de sucata do Terceiro Mundo (500 navios por mês para a Nigéria, por exemplo), apesar de conterem metais pesados e tóxicos (LATOUCHE, 2009, p. 21-22).

Nesse sentido, pesquisas apontam que, no Brasil, no ano de 2000, foram produzidos cerca de 125.281 toneladas de resíduos sólidos domésticos por dia, o que significa o descarte de mais de 45.727.565 toneladas desses resíduos por ano, considerando-se, ainda, que mais de 30% desses resíduos sólidos coletados não tiveram a sua destinação final corretamente aplicada. Ademais, tais estudos informam que nas cidades brasileiras com até 200 mil habitantes foram recolhidos de 450 a 700 gramas de lixo por pessoa, diariamente, enquanto nas cidades com mais de 200 mil habitantes esse valor foi entre 800 e 1.000 gramas por pessoa, mostrando uma maior produção de resíduos sólidos domésticos em grandes centros urbanos (IBGE, 2001).

Já no ano de 2011, as pesquisas realizadas pelo IBGE levantaram a quantidade de mais de 61.936.368 toneladas de resíduos sólidos domésticos[23] produzidos no Brasil durante o ano, sendo 381,6 kg de resíduos sólidos produzidos por cada habitante durante no período (ABRELPE, 2012, p. 30). Ou seja, em apenas 11 anos a produção de resíduos sólidos domésticos no Brasil aumentou quase 20.000.000 de toneladas por ano, e a produção de resíduos sólidos em um ano por habitante deu um sal-

---

[23] Entende-se por resíduos sólidos domésticos aqueles resíduos produzidos nas habitações urbanas, incluídos desde os orgânicos até os recicláveis e perigosos. Há também os resíduos sólidos industriais, hospitalares, provenientes de construção civil, dentre outros.

to de 255,5 kg para 381,6 kg, isto é, cada habitante brasileiro passou a descartar 126,1 kg a mais de resíduos sólidos do que há 11 anos.

Nos Estados Unidos, a média de resíduos sólidos urbanos produzidos por pessoa saltou de 1,22kg por dia em 1960 para 2,09kg diários em 2007. Três quartos destes resíduos são compostos por bens manufaturados (não orgânicos), duráveis, não duráveis, embalagens, recipientes, etc. Sobre isto, estudos indicam que, ao longo do século XX, a quantidade de resíduos sólidos aumentou mais de dez vezes, de 42kg a 563kg por pessoa ao ano (LEONARD, 2011, p. 200).

Além do aumento da produção de resíduos sólidos, a humanidade se depara também com uma nova realidade, qual seja, a produção de resíduos cada vez mais perigosos. Os resíduos produzidos pela sociedade de risco[24] apresentam novos elementos que ampliam os danos e riscos ao meio ambiente. Tem-se agora o lixo nuclear, o lixo eletrônico, o lixo hospitalar e outros resíduos tóxicos e/ou infecciosos, como os decorrentes do uso de agrotóxicos. Só no Brasil, país considerado em desenvolvimento, entre os anos de 2010 e 2011, estima-se que 680 mil toneladas de resíduos eletrônicos tenham sido descartados (WALDMAN, 2011).

Nos Estados Unidos, telefones celulares construídos para durarem cinco anos são agora aposentados apenas após 18 meses de uso. No Japão, eles são descartados depois de um ano de comprados. Assim, só nos Estados Unidos, tem-se que no ano de 2005 cerca de 50 mil toneladas de telefones celulares obsoletos foram aposentados e apenas uma pequena fração deles foi desmontada para reuso. Os celulares conquistaram o duvidoso título de terem o menor ciclo de vida entre todos os produtos eletrônicos consumidos, e o tempo de vida útil deles ainda está em declínio. Contudo, é certo que vários outros produtos eletrônicos têm seguido esta mesma tendência. Portanto, uma montanha de estoque de lixo eletrônico se posta como um problema que nenhum programa de aterro um dia imaginou que estaria apto a resolver. Um precipício diante do qual se encontra a sociedade contemporânea (SLADE, 2006, p. 264).

Estes e outros produtos onipresentes, como televisores, que são possuídos por mais de 90 por cento da população, estão criando incontroláveis montes de lixo eletrônico cada vez que são jogados fora. E todos estes componentes descartados nesta montanha crescente de lixo eletrônico contêm altos níveis de toxinas biológicas permanentes (PBTs em inglês), variando de arsênio, antimônio, cádmio, berílio, chumbo,

---

[24] Sobre a teoria da sociedade de risco ler "Sociedade de risco: rumo a uma outra modernidade" do autor Ulrich Beck.

níquel e zinco. Quando o lixo eletrônico é queimado em qualquer parte do mundo, dioxinas, furanos e outros poluentes são liberados no ar, com potenciais consequências desastrosas para a saúde ao redor do globo. Quando o lixo eletrônico é queimado em aterros, PBTs eventualmente vazam para lençóis freáticos, contaminando-os (SLADE, 2006, p. 261).

Destarte, na medida em que a pilha de lixo aumenta, acima e abaixo da terra, a contaminação da água potável pelo lixo eletrônico deve vir a ser em breve o maior problema biológico existente. Sobre o assunto, em 2001 a *Silicon Valley Toxics Coalition* estimou que o montante de lixo eletrônico consumido em terras norte-americanas naquele ano seria entre 5 e 7 milhões de toneladas. Isto representa um aumento substancial em relação ao 1,8 milhões de toneladas de lixo eletrônico produzido em 1999, o primeiro ano que a *Environmental Protection Agency* (EPA) rastreou resíduos perigoso vindos de produtos eletrônicos. Mas a situação só piorou. Em 2009, a quantidade total de resíduos eletrônicos na América do Norte deu um salto radical, quando a mandatária *Federal Communications Commission* (FCC) colocou em vigor a mudança para televisores de alta definição – uma única instância de obsolescência planejada que trouxe consequências negativas sem precedentes (SLADE, 2006, p. 262).

Contudo, apesar da complexificação da produção de resíduos sólidos pela sociedade contemporânea, o progresso civilizacional no qual nos encontramos não conseguiu elaborar, na mesma velocidade da produção desses riscos, instrumentos de gerência e manejo capazes de dar respostas eficazes a esta nova faceta da crise ambiental. Prova disso são as frequentes notícias veiculadas na grande impressa a respeito do aumento do comércio internacional ilegal de resíduos sólidos, pelo qual países ditos desenvolvidos, por não conseguirem gerenciar seus rejeitos –, muitas vezes tóxicos e infecciosos – a contento, os despacham aos países do sul, notadamente a África, Índia, Tailândia e Brasil, onde a fiscalização não é tão eficaz e/ou a legislação ambiental não é tão rígida.[25]

As consequências desta dificuldade em gerenciar eficazmente os resíduos sólidos cada vez mais perigosos produzidos em quantidade cada vez maior são nítidas o suficiente para que este assunto demande especial interesse. A contaminação de lençóis freáticos, a proliferação

---

[25] Sobre o assunto ler: Resíduos tóxicos na costa da Somália: a sociedade de risco aqui e agora. Artigo das autoras Giorgia Sena Martins e Daiana Seabra Venancio publicado nos Anais do VI Simpósio Dano Ambiental na Sociedade de Risco, 2011. Lixo Ilegal, publicado em 28/09/2011, no Jornal Diário Catarinense e O transporte ilegal de lixo para o Brasil, publicado em 13/03/2012, no Jornal Notícias do Dia, ambos de autoria de Kamila Guimarães de Moraes.

de doenças e pragas, os alagamentos, os desabamentos, a contaminação do solo, dentre outros, são apenas alguns dos efeitos decorrentes dessa problemática, que acaba por gerar sérios e crescentes prejuízos ao meio ambiente, à saúde pública, à economia e à sociedade como um todo (FLORES; VIEIRA, 2012, p. 932).

Dado o exposto, resta claro que a atual sociedade de consumo, além de estar superexplorando os recursos naturais disponíveis no meio ambiente, está produzindo resíduos acima da capacidade dos ecossistemas de absorvê-los e reciclá-los, sendo exatamente estas, como visto, as evidências mais notórias da vivência de uma verdadeira crise ambiental. Nesse sentido, Moran (2008, p. 21) afirma que o aumento exponencial de todos esses fenômenos (escassez e poluição das águas, extinção das espécies, diminuição da biodiversidade, dificuldade de gerência dos resíduos sólidos, dentre outros) está diretamente vinculado a dois fatores: o crescimento populacional e os nossos hábitos de consumo.

Segundo o autor, tanto os países do Norte como os do Sul provocam um grande impacto sobre a natureza – os primeiros através do consumo; os segundos por meio dos aumentos demográficos (MORAN, 2008, p. 21). No entanto, apesar de serem uma causa da crise ambiental característica dos países desenvolvidos, os hábitos de consumo também já se mostram impactantes nos países em desenvolvimento, principalmente no Brasil, atual sétima economia do mundo, cujo padrão de consumo aumentou exponencialmente nos últimos anos.

Portanto, diferentemente do que se esperava, verifica-se que o progresso foi, na realidade, a promessa não cumprida de uma sociedade de produtores (e agora de consumidores) que profetizou (e ainda profetiza) o desenvolvimento, o crescimento econômico e o bem-estar da civilização como produto da modernidade, mas que cedeu à realidade das regressões, estagnações, privações e destruições (FERREIRA, 2010, p. 7).

Nesse cenário, segundo Boff (2003, p. 85), verifica-se que a crise pela qual passa a sociedade contemporânea é uma crise do sentido fundamental de nossa cultura, a crise de nosso paradigma, a crise do sonho maior e da utopia que deu sentido ao mundo moderno nos últimos séculos: a utopia do crescimento ilimitado, da vontade de poder como dominação sobre os outros, sobre povos e sobre a natureza. Tal racionalidade moderna, independentemente do sistema social onde aplicada – mais ao capitalista do que ao socialista, que fracassou como modelo real –, provocou a contaminação das águas, envenenamento dos solos, urbanização maciça de regiões ecologicamente frágeis, chuvas ácidas, depósito de detritos nocivos, desertificação, desmatamento, erosão, salinização dos solos, inundações, emissões de gás carbônico que intensificam o efeito estufa e a decomposição gradual da camada de ozônio. Ou seja, o paradigma deste modelo econômico moderno colocou em risco o bem mais precioso e fundamental existente – a perpetuação da vida e, paradoxalmente, a própria existência humana sobre a Terra.

Para Latouche (2009, p. 25), se não pensarmos e agirmos rápido, o que nos espera em breve é a morte por asfixia. Nas palavras do autor,

> Abraçando a razão geométrica que preside o crescimento econômico, o homem ocidental renunciou a qualquer medida. Com uma alta do Produto Nacional Bruto (PNB) per capita de 3,5% ao ano (progressão média para a França entre 1949 e 1959), chega-se a uma multiplicação de 31 num século e de 961 em dois séculos! Com uma taxa de crescimento de 10%, que é atualmente a da China, obtém-se uma multiplicação por 736 num século! A uma taxa de crescimento de 3%, multiplica-se o PIB por 20 num século, por 400 em dois séculos, por 8 mil em três séculos! Se o crescimento produzisse mecanicamente o bem-estar, deveríamos viver hoje num verdadeiro paraíso, desde os tempos... Contudo, o que nos ameaça é bem mais o inferno.

Destarte, foi justamente por todos estes efeitos colaterais perniciosos que este modelo passou a ser questionado, fazendo surgir novas correntes de pensamento em busca de uma quebra de paradigma. E para se abandonar um paradigma por outro é preciso que se troque por completo os cimentos da comunidade intelectual e dos modelos científicos disciplinares, transformações estas qualificadas como revoluções científicas (DALY, 1989, p. 11). E é exatamente a busca por essa revolução científica que será analisada no próximo capítulo.

Parte II

3. Sustentabilidade na Economia e no Direito: a ecologização dos conhecimentos na busca por um novo paradigma

Como visto, o modelo hegemônico de desenvolvimento das sociedades modernas, fundado no ideal utópico de crescimento infinito, levou à eclosão de uma verdadeira crise socioambiental, pois, dentre outras consequências, acarretou desde a superexploração dos recursos naturais, renováveis e não renováveis, até a superprodução de resíduos sólidos, já que estimula a substituição dos bens de consumo a uma velocidade e com uma frequência cada vez maiores, ultrapassando, assim, os limites naturais de recomposição e resiliência.

Contudo, nada disso é levado em consideração pela lógica da economia da sociedade consumista, que trata tais consequências como "efeitos colaterais" do "necessário" crescimento econômico. Isso ocorre porque, segundo Leff (2006, p. 134), tal racionalidade econômica "desterrou a natureza da esfera da produção, gerando processos de destruição ecológica e degradação ambiental que foram aparecendo como *externalidades* do sistema econômico". Destarte, a evidenciação desta crise civilizacional gerou o amplo questionamento dos modelos político, econômico, social e de valores hegemônicos, de forma que, a partir de então, se iniciou um processo de busca por um novo paradigma, por meio, inicialmente, da resignificação teórica de inúmeros conceitos-chave, inclusive, como se verá a seguir, do próprio conceito de desenvolvimento.[26]

---

[26] O processo de busca por um novo paradigma é amplo e complexo, de forma que inúmeras construções teóricas vem sendo desenvolvidas nos mais diversos contextos e regiões. Na presente obra, optou-se por destacar as construções teóricas que valorizam um desenvolvimento mais ecológico e que ganharam maior propulsão no contexto internacional, quais sejam: do ecodesenvolvimento, do desenvolvimento sustentável e, mais recentemente, do *buen vivir*.

Assim, o presente capítulo objetiva verificar como se deu o início do processo de construção teórica de um novo paradigma de desenvolvimento, mais preocupado com as questões socioambientais, e como tal proposta influenciou, especificamente, duas áreas do conhecimento: a Economia e o Direito, as quais foram eleitas para esta análise por seu impacto e influência decisiva na implementação prática deste novo modelo. Ressalta-se, entretanto, que a escolha do estudo da ecologização destas duas ciências não significa a minimização da importância dos demais campos de saberes, que, em uma visão sistêmica e complexa, sem dúvida alguma compõem a construção deste novo paradigma.

3.1. A disseminação da preocupação com a questão ambiental e o início do processo de construção de um novo paradigma de desenvolvimento no contexto internacional: do ecodesenvolvimento ao "bem viver"

Segundo Montibeller-Filho (2008, p. 59), "desenvolvimento" é uma noção universalmente desejada e traz em si a ideia de melhoria, de progresso. No entanto, a racionalidade econômica moderna apropriou-se indevidamente da ideia de desenvolvimento (humano), identificando bem-estar social a equilíbrio macroeconômico. Então, o que, originalmente, servia para designar o processo de ampliação das capacidades humanas, cujo sentido e fim eram o alcance da plenitude destas capacidades,[27] passou, na Modernidade e à luz dos ensinamentos da economia neoclássica vistos no primeiro capítulo, a ser reduzido e identificado ao crescimento econômico, à noção de incremento de renda (ARBIX; ZILBOVICIUS, 2001, p. 56-58).

Ocorre que, com a crise civilizacional acarretada por esta lógica, a irracionalidade social e ecológica deste modelo restou evidenciada, o que fez surgir, então, o interesse teórico e político em valorizar a natureza com o propósito de internalizar as, até então, externalidades negativas ambientais do processo de desenvolvimento. Nesse momento histórico nasce, conquanto, o movimento ambientalista, cujo principal objetivo é a inclusão da questão ambiental nos debates e agendas dos mais diversos segmentos, principalmente nas áreas social e econômica (MONTIBELLER-FILHO, 2008, p. 42).

Nesse sentido, tem-se que já em meados da década de 1960, quando começa o que se conhece como revolução ambiental norte-americana,

---

[27] Sobre a busca de uma reintegração do sentido de "desenvolvimento" com a sua fundação ontológica ver a obra "Desenvolvimento como liberdade" do economista indiano Amartya Sen.

a preocupação de parte significativa da população com os problemas ambientais passa a crescer continuamente. Na década de 1970, essa tendência ambientalista se expandiu para outros países, como Canadá, Japão, Nova Zelândia, Austrália e países da Europa ocidental, culminando, na década de 1980, com a ampla disseminação da questão ambiental pelo mundo, quando tal preocupação atingiu a América Latina, Europa oriental, União Soviética e Ásia (MONTIBELLER-FILHO, 2008, p. 42).

Fruto desta nova realidade, surgiram e proliferaram-se, principalmente a partir de 1970, uma série de atores e processos que constituíram o movimento ambientalista global, o qual, com o decorrer dos tempos, veio a se transformar em um ramificado movimento multissetorial, gerando a ecologização do conhecimento (ou dos saberes). Segundo Montibeller-Filho (2008, p. 43), analisando-se o movimento ambientalista pela predominância de certos atores em determinados períodos, ter-se-ia o seguinte diagnóstico:

> Os anos 50 são vistos como os do ambientalismo dos cientistas, pois é pela via da ciência que emerge a preocupação ecológica em âmbito mundial. A década de 1960 é descrita [...] como a das organizações não-governamentais: diversos grupos e organizações aparecem de forma exponencial neste período. A seguinte, anos 70, é a da institucionalização do ambientalismo. Foi marcada pela Conferência de Estocolmo-72 sobre meio ambiente, a qual evidenciou a preocupação do sistema político – governos e partidos – e da própria Igreja Católica, com a questão. Surgem, no período, diversas agências estatais vinculadas ao meio ambiente. Os anos 80 são marcados pela Comissão Brundtland e pela proeminência dos partidos verde que haviam surgido na década anterior. A entrada do setor empresarial, tendo em vista aproveitar-se de um emergente mercado verde – que valoriza ou impõe ao produtor o cuidado ambiental –, caracteriza os anos 90.

De fato, tal constatação se confirma quando da análise do processo de construção teórica de um novo paradigma de desenvolvimento no contexto internacional e o primeiro marco importante deste movimento ocorreu com o Clube de Roma. Com efeito, ante as diversas publicações científicas acerca dos problemas ambientais causados pelo modelo de desenvolvimento vigente, esta organização informal (atualmente uma ONG) fundada por profissionais de diversas áreas e de diferentes países no final da década de 1960, realizou um amplo estudo científico sobre as consequências e possibilidades de manutenção do modelo hegemônico de desenvolvimento crescimentista, cujo resultado foi a publicação de seu primeiro relatório, em 1972, intitulado "Os limites do crescimento" (MEADOWS; et al., 1978, p. 18).

Dito relatório, resultante da investigação das causas, inter-relações e implicações para os próximos cem das cinco grandes tendências de interesse global – o ritmo acelerado de industrialização, o rápido crescimento demográfico, a desnutrição generalizada, o esgotamento dos recursos naturais não renováveis e a deterioração ambiental – (MEADOWS; *et al.*, 1978, p. 18), chegou às seguintes conclusões:

> 1. Se as atuais tendências de crescimento da população mundial – industrialização, poluição, produção de alimentos e diminuição de recursos naturais – continuarem imutáveis, os limites de crescimento neste planeta serão alcançados algum dia dentro dos próximos cem anos. O resultado mais provável será um declínio súbito e incontrolável, tanto da população quanto da capacidade industrial. 2. É possível modificar estas tendências de crescimento e formar uma condição de estabilidade ecológica e econômica que se possa manter até um futuro remoto. O estado de equilíbrio global poderá ser planejado de tal modo que as necessidades materiais básicas de cada pessoa na terra sejam satisfeitas, e que cada pessoa tenha igual oportunidade de realizar seu potencial humano individual. 3. Se a população do mundo decidir empenhar-se em obter este segundo resultado, em vez de lutar pelo primeiro, quanto mais cedo ela começar a trabalhar para alcançá-lo, maiores serão suas possibilidades de êxito (MEADOWS, *et al.*; 1978, p. 20).

Os resultados apresentados pelo Clube de Roma causaram enorme rejeição por grande parte dos Estados-nação, tendo em vista que repugnou expressamente o modelo de desenvolvimento hegemônico crescimentista. Ademais, os graves riscos e danos ambientais cada vez mais evidenciados por diversos estudos científicos, levaram, também, a ONU a promover, ainda em 1972, a Conferência sobre o Meio Ambiente em Estocolmo, a qual gerou forte comoção no contexto internacional (NEVES, 2003, p. 28).

Destes debates emerge, então, o conceito de "ecodesenvolvimento", lançado por Maurice Strong, secretário-geral da Conferência de Estocolmo, no ano de 1973, com o intuito de promover novos estilos de desenvolvimento, fundados nas condições e potencialidades dos ecossistemas e no manejo prudente dos recursos (LEFF, 2006, p. 134). Nestes termos, Montibeller-Filho (2008, p. 51) define esta noção como:

> O desenvolvimento de um país ou região, baseado em suas próprias potencialidades, portanto endógeno, sem criar dependência externa, tendo por finalidade responder à problemática da harmonização dos objetivos sociais e econômicos do desenvolvimento com uma gestão ecologicamente prudente dos recursos e do meio [...].

Tal definição, como se pode perceber, deixa clara a preocupação deste modelo de desenvolvimento com os aspectos sociais e ambientais, no mesmo grau dos econômicos. E possui, inerentemente a ele, uma posição ética fundamental, qual seja, o desenvolvimento voltado para as necessidades sociais mais prementes que dizem respeito à melhoria da qualidade de vida de toda a população, com o cuidado de preservar o meio ambiente e as possibilidades de reprodução da vida com qualidade para as gerações que sucederão. Ou seja, a teoria do ecodesenvolvimento pressupõe uma solidariedade intra e intergeracional, na medida em que desloca o enfoque da lógica da produção para a ótica das necessidades fundamentais da população e, ao mesmo tempo, se expressa na economia dos recursos naturais e na perspectiva ecológica para garantir possibilidade de qualidade de vida às próximas gerações (MONTIBELLER-FILHO, 2008, p. 52).

Assim, a partir dessa configuração geral feita por Maurice Strong, em 1974 Ignacy Sachs (1994, p. 52-53), maior difusor desta teoria, elaborou o que chamou de cinco dimensões de sustentabilidade do ecodesenvolvimento: i) a sustentabilidade social, alcançada com a redução substancial das diferenças sociais e com a ampliação dimensional de desenvolvimento para abranger tanto as necessidades materiais como as imateriais; ii) a econômica, buscada por meio da alocação e gestão mais eficientes dos recursos e por um fluxo regular do investimento público e privado; iii) a ecológica, compreendida na preservação e no uso dos recursos naturais respeitando o seu ciclo temporal e sua capacidade de resiliência, aliados à sua mínima deterioração; iv) a espacial, que pressupõe evitar-se a excessiva concentração geográfica de populações, atividades e poder; e v) a cultural, que significa a aplicação do conceito de ecodesenvolvimento respeitando as especificidades de cada ecossistema, cultura e local, traduzindo-se, então, em uma pluralidade de soluções particulares.

Destarte, percebe-se que a construção desta nova conceituação de desenvolvimento parte da crítica ao reducionismo econômico da noção de desenvolvimento da visão crescimentista, denunciando-a como responsável pela geração dos problemas sociais e ambientais. O ecodesenvolvimento coloca-se, então, como uma resposta à crise civilazional vivida (MONTIBELLER-FILHO, 2008, p. 49). Sem embargo, na ciência, este novo conceito:

> Difunde-se em resposta aos limites das abordagens que não mais conseguem dar conta de compreender a realidade complexa e mutante, composta de fenômenos sociais que não tomavam lugar ativo no pensamento científico, tais como a exclusão social e a questão ambiental (MONTIBELLER-FILHO, 2008, p. 50).

Entretanto, a partir da década de 1980, as estratégias do "ecodesenvolvimento" foram paulatinamente sendo substituídas pelo discurso do "desenvolvimento sustentável", expressão esta de influência anglo-saxônica (*sustainable development*) utilizada pela primeira vez pela União Internacional pela Conservação da Natureza (UICN) no ano de 1980, na Conferência Mundial sobre a Conservação e o Desenvolvimento (MONTIBELLER-FILHO, 2008, p. 54).

Neste evento, a UICN colocou o conceito de desenvolvimento sustentável e equitativo como um novo paradigma, cujos princípios basilares eram: i) a integração entre conservação da natureza e desenvolvimento; ii) a satisfação das necessidades humanas fundamentais; iii) a busca por equidade e justiça social; iv) a priorização da busca pela autodeterminação social e pelo respeito da diversidade cultural; e v) a manutenção da integridade ecológica (MONTIBELLER-FILHO, 2008, p. 54).

Destarte, a proximidade entre estes princípios e as dimensões de sustentabilidade desenvolvidas por Sachs, vistas anteriormente, leva a identificação (porém não completa) entre as noções de desenvolvimento sustentável e de ecodesenvolvimento, o qual, segundo Montibeller-Filho (2008, p. 54), distingue-se daquele principalmente pelo seu caráter de autossustentabilidade, isto é, pelo foco em uma sustentabilidade não homogeneizante, que enfoque as peculiaridades de cada contexto e que não dependa de fatores externos.

As disparidades entre ambos os conceitos situam-se principalmente no campo político e no que tange as técnicas de produção, haja vista que, enquanto o ecodesenvolvimento volta-se ao atendimento das necessidades básicas da população, através da utilização de tecnologias apropriadas a cada ambiente e partindo do mais simples ao mais complexo, o desenvolvimento sustentável enfatiza o papel de uma política ambiental, a responsabilidade com os problemas globais e com as futuras gerações. Contudo, o certo é que, de qualquer forma, a noção de desenvolvimento sustentável abrange as preocupações expressadas pelo ecodesenvolvimento, havendo importantes pontos de convergência entre eles, como (MONTIBELLER-FILHO, 2008, p. 57-58):

> Holismo; abordagem sistêmica; ambientalismo; plano e planejamento local (tendo referência global), principalmente. A visão holística consiste em considerar o conjunto dos aspectos econômicos, políticos, culturais, sociais, ecológicos e outros, envolvidos no tema desenvolvimento. E, através da abordagem sistêmica, analisa-se como as várias dimensões se interpenetram e interdependem. A dimensão ambiental é um denominador comum a ambos os conceitos em questão, sendo a sua ideia-força (MONTIBELLER--FILHO, 2008, p. 58).

Porém, a expressão "desenvolvimento sustentável" apenas foi amplamente difundida com a publicação do relatório "Nosso futuro comum", também conhecido como "Relatório Brundtland", no ano de 1987, pela Comissão Mundial sobre o Meio Ambiente e Desenvolvimento (CMMAD), presidida pela ex-ministra norueguesa Gro Harlem Brundtland e composta por membros de diversos países, dentre eles Maurice Strong (LEFF, 2006, p. 136-137).

O Relatório Brundtland foi fruto de um apelo da Assembleia Geral das Nações Unidas para que a CMMAD delineasse uma agenda global para mudança, devendo, necessariamente: i) propor estratégias ambientais de longo prazo para se alcançar um desenvolvimento sustentável até o ano 2000 e daí em diante; ii) recomendar formas de se obter uma maior cooperação entre os países, levando a consecução de objetivos comuns e interligados que considerassem as inter-relações entre pessoas, recursos, meio ambiente e desenvolvimento; iii) buscar maneiras de a comunidade internacional lidar mais eficientemente com as preocupações de cunho ambiental; e iv) definir noções comuns relativas a questões ambientais de longo prazo e os esforços necessários para tratar com êxito os problemas da proteção e da melhoria do meio ambiente (CMMAD, 1991, p. XI).

Assim, com esta missão, a Comissão, que iniciou seus trabalhos em 1983, sintetizou o conceito de desenvolvimento sustentável, definindo-o como o modelo de desenvolvimento capaz de garantir que as necessidades das presentes gerações sejam supridas, sem, contudo, comprometer a capacidade de as gerações futuras terem as suas necessidades também atendidas (CMMAD, 1991, p. 9). Aqui o conceito de desenvolvimento sustentável passou, então, a se fundamentar no bem-estar social, no equilíbrio econômico e na proteção ambiental, seus três pilares de sustentação (MONTIBELLER-FILHO, 2008, p. 29).

Além disso, o relatório "Nosso futuro comum" especificou algumas diretrizes políticas necessárias para se alcançar um desenvolvimento global sustentável pelos Estados nacionais e em nível internacional, dentre elas: o fim da pobreza endêmica; o controle do crescimento populacional; a implementação de políticas que eduquem a população a gerir eficazmente os bens ambientais; a proteção das espécies e dos ecossistemas por meio do aumento das áreas de proteção; a diminuição do consumo de energia e o aumento da eficiência energética, incentivando o uso de fontes renováveis; o aumento da produção industrial com a utilização de tecnologias que previnam danos e que utilizem menos recursos naturais (ecoeficiência e desmaterialização); o banimento das guerras; a implantação de um programa de desenvolvimento sustentável pela ONU, dentre outras (CMMAD, 1991, p. 12-24).

Destarte, como bem pontua Neves (2003, p. 29), o Relatório Brundtland, diferentemente de outros relatórios que o precederam, como o do Clube de Roma, não realizou críticas ao modelo econômico crescimentista, apresentando um conceito de desenvolvimento sustentável que foi amplamente aceito pela comunidade internacional, vez que defendeu o crescimento contínuo de todos os países, desenvolvidos e em desenvolvimento, para superação da pobreza e dos problemas ambientais, estratégia que resta clara neste trecho do Relatório:

> O desenvolvimento sustentável procura atender às necessidades e aspirações do presente sem comprometer a possibilidade de atendê-las no futuro. Longe de querer que

cesse o crescimento econômico, reconhece que os problemas ligados à pobreza e ao subdesenvolvimento só podem ser resolvidos se houver uma nova era de crescimento (...) (CMMAD, 1991, p. 44).

Ademais, dentro dos imperativos estratégicos especificados pela CMMAD (1991, p. 56-67) para se alcançar o desenvolvimento sustentável, ressalta-se que o Relatório Brundtland apostou na utilização de mecanismos do próprio mercado para a internalização dos custos socioambientais, com a inclusão dos recursos naturais na contabilidade econômica; bem como na inovação tecnológica para superação dos limites ecológicos.

E são justamente por estas razões que alguns teóricos apontam contradições na tese do desenvolvimento sustentável na forma como foi posta pelo "Nosso Futuro Comum", pois acreditam que a proposição básica da Comissão de que os Estados produzam mais com a utilização de menos recursos implica aceitar que o padrão de consumo (e, portanto, da economia crescimentista) vigente nos países desenvolvidos pode ser mantido, expandido e difundido globalmente. Ademais, criticam o (utópico) otimismo tecnológico e a proposta de monetarização do ambiente do relatório, julgando-os como incapazes, ou ao menos insuficientes, para solucionar os atuais problemas socioambientais (MONTIBELLER-FILHO, 2008, p. 57).[28]

No entanto, apesar destas críticas teóricas, é certo que o conceito de desenvolvimento sustentável do Relatório Brundtland agradou por sua generalidade, prefigurando uma estratégia discursiva criada para dissolver as contradições entre meio ambiente e desenvolvimento crescimentista (LEFF, 2006, p. 138).

Destarte, esta noção acabou sendo consagrada na Conferência das Nações Unidas sobre o Meio Ambiente e Desenvolvimento, realizada na cidade do Rio de Janeiro, em 1992, conhecida como Rio92 ou mesmo Eco92 (NEVES, 2003, p. 29). Tal Conferência elaborou e aprovou, dentre outros documentos, um programa global, conhecido como "Agenda 21", para dar institucionalidade e legitimidade às políticas do desenvolvimento sustentável (LEFF, 2006, p. 138). Por meio da Agenda 21 foram desenvolvidos programas de ação para serem internalizados nos diversos países participantes, dentre eles o Brasil, visando a solucionar os problemas ambientais (SPÍNOLA, 2001, p. 210).

Assim, tem-se que não obstante ao fato do conceito de desenvolvimento sustentável, como uma ideia geral de uso sustentável de re-

---

[28] Tais críticas serão melhor trabalhadas no item 3.2.1., que analisará os aspectos gerais da construção teórica econômica decorrente do modelo de desenvolvimento sustentável proposto pelo Relatório Brundtland mais difundida.

cursos naturais, poder ser identificado em tratados internacionais que remontam à década de 1940 e, posteriormente, na construção teórica do ecodesenvolvimento, seu precursor, foi apenas com a publicação do Nosso Futuro Comum – Relatório Brundtland –, que este conceito tornou-se político, foi amplamente divulgado e passou a ser diretamente referenciado em inúmeros documentos internacionais (SCHRIJVER, 2008, p. 102-104), convertendo-se no referente discursivo que organizou os sentidos divergentes (econômico e ecológico) em torno da construção de sociedades sustentáveis (LEFF, 2006, p. 137).

Porém, apesar do amplo comprometimento de todos os países participantes da Rio92 com a ideia de qualificar seus desenvolvimentos como sustentáveis, no ano de 1997, o Encontro Rio+5 verificou que tal empenho, na prática, ocorreu muito parcamente, gerando resultados muito abaixo do esperado. Para os analistas teóricos do tema, este fracasso evidenciou a incompatibilidade existente entre a lógica do desenvolvimento crescimentista, que sempre procura maximizar os lucros a expensas da natureza, criando grandes desigualdades sociais, e entre a dinâmica do meio ambiente que se rege pelo equilíbrio, pela interdependência de todos com todos e pela reciclagem de todos os resíduos (BOFF, 2012, p. 35).

Segundo Boff (2012, p. 36), tal impasse provocou uma nova convocação por parte da ONU de uma Cúpula da Terra sobre a Sustentabilidade e Desenvolvimento, realizada em Joanesburgo no ano de 2002 (Rio+10), quando reuniu representantes de 150 nações, além da presença das grandes corporações, de cientistas e militantes da causa ecológica. Contudo, se na Rio92 reinava um espírito de cooperação entre os países, favorecido pela queda do Império Soviético e do Muro de Berlim, em Joanesburgo se notou uma disputa feroz por interesses econômicos corporativos, especialmente por parte das grandes potências mundiais, postura que inviabilizou qualquer avanço na construção e planejamento de implementação de um novo paradigma de desenvolvimento.

Nesse sentido, verifica-se que o discurso do desenvolvimento sustentável estabeleceu um terreno comum para uma política de consenso, integradora dos diferentes interesses de países, povos e classes sociais, que plasmam o campo conflitivo da apropriação da natureza (LEFF, 2006, p. 137). E a própria expressão, ao aliar conceitos distintos (desenvolvimento e sustentável), é polissêmica, sendo esta a característica de imprecisão que a mantém universalmente aceita (MONTIBELLER-FILHO, 2008, p. 60).

Ocorre que, como bem destaca Leff (2006, p. 137), este discurso afirma o propósito de tornar sustentável o crescimento econômico através dos mecanismos do mercado, atribuindo valores econômicos e direitos de propriedade aos recursos e serviços ambientais, contudo, não demonstra de forma clara como e até que ponto o sistema econômico é capaz de incorporar as condições ecológicas e sociais (sustentabilidade, equidade, justiça, democracia) através da capitalização da natureza. Assim, segundo o autor, nesse processo de construção do conceito de desenvolvimento sustentável, tal discurso acabou sendo difundido e vulgarizado até se tornar parte do discurso oficial e da linguagem comum. Para ele,

> Além do mimetismo retórico gerado, não se logrou engendrar um sentido conceitual e praxeológico capaz de unificar as vias de transição para a sustentabilidade. As contradições não apenas se fazem manifestas na falta de rigor do discurso, mas também em sua colocação em prática, quando surgem os dissensos em torno do discurso do desenvolvimento sustentado/sustentável e os diferentes sentidos que este conceito adota em relação aos interesses contrapostos pela apropriação da natureza (LEFF, 2006, p. 138).

Portanto, o discurso do desenvolvimento sustentável difundido pelo Relatório Brundtland manteve o paradigma do crescimento intacto, e o que se tem discutido até então são saídas para tornar possível este imperativo crescimentista. Prova disso foi o resultado final da Conferência das Nações Unidas sobre Desenvolvimento Sustentável, a Rio+20, ocorrida em 2012 na cidade do Rio de Janeiro. A declaração final da conferência realizada pelos chefes de Estado participantes do evento foi considerada um completo fracasso do ponto de vista ambiental, vez que não firmou novos compromissos para se implementar efetivamente o desenvolvimento sustentável.[29]

No entanto, apesar do fracasso dos resultados oficiais da Rio+20, obtidos em decorrência da falta de lideranças socioambientalmente responsáveis, a insuficiência da construção teórica do desenvolvimento sustentável nos moldes do Relatório Brundtland, que foi aceita, adotada e amplamente difundida no contexto internacional, para dar conta das complexas questões atuais, vem ganhando notoriedade, principal-

---

[29] Diversas entidades não governamentais e teóricos reconhecidos manifestaram a completa decepção quanto aos resultados oficiais da Rio+20 na grande imprensa. Nesse sentido: <http://www.bbc.co.uk/portuguese/noticias/2012/06/120622_rio20_fracasso_jp.shtml> e <http://www1.folha.uol.com.br/ambiente/1193474-resultado-da-rio20-podia-estar-em-papel-higienico-diz-chefe-da-eco-92.shtml>, por exemplo. O Encontro Mundial de Juristas, evento paralelo realizado durante a Rio+20, diante da falta de comprometimento dos chefes de Estado, com uma tônica pessimista, realizou um manifesto ao final do evento pugnando para que, ao menos, não ocorressem regressões nas conquistas realizadas pela Conferência da Rio92, com base no princípio da proibição do retrocesso ambiental. Nesse sentido: <http://www.agenciadenoticias.uniceub.br/2012/06/rio-20-juristas-lancam-manifesto-pos.html>.

mente pelas mais diversas ocorrências de problemas ambientais em todo planeta, pela crise financeira e de pobreza global eclodida no ano de 2008 e persistente até os dias atuais, e, mais recentemente, pelo desastre nuclear no Japão (FATHEUER, 2011, p. 7).

Com efeito, tais eventos acabaram por adicionar urgência em se encontrar alternativas para substituição do modelo de desenvolvimento hegemônico, que dissociem o consumo de recursos do ideal de crescimento. Os desejos por um mundo mais unido, mais feliz e para uma vida melhor para todos estão no centro de todos os debates sobre desenvolvimento sustentável, os quais têm ganhado grande espaço nos países em desenvolvimento, onde diversos atores procuram alternativas para o imperativo do crescimento (FATHEUER, 2011, p. 7).

Exemplo desta busca de superação está na promulgação das novas Constituições do Equador, em 2008, e da Bolívia, em 2009, que, com processos constitucionais sinalizadores de um recomeço após anos de submissão a regimes autoritários e à exploração econômica, consagraram um novo conceito de desenvolvimento refutador do paradigma ocidental de afluência (crescimentista): o *Sumak Kawsay*[30] (FATHEUER, 2011, p. 7).

Estes dois marcos, então, trouxeram à comunidade internacional o conhecimento de que a América do Sul vem sendo palco do início da construção teórica de uma nova noção de desenvolvimento baseada na tradição e nos valores ancestrais dos indígenas da região andina, o que, no contexto sul-americano, significa também valores não coloniais. Destarte, a constitucionalização do *Sumak Kawsay*, expressão na língua indígena Quechua que pode ser traduzida como *Buen vivir* em espanhol e como *Bem viver* em português, como um novo modelo de desenvolvimento é uma tentativa de finalmente superar o passado colonial, que moldou a história sul-americana, na busca por novos princípios orientadores (FATHEUER, 2011, p. 7-9).

Assim como qualquer conceito complexo, o Bem viver (*Buen vivir*) evoca definições simplistas, que não conseguem abarcar a amplitude e a complexidade de sua significação. É, conquanto, um conceito ainda em construção que se desenvolve em uma grande variedade de contextos e que se caracteriza precisamente por sua pluralidade. Justamente por ser uma noção familiar, acaba por acarretar muitas confusões, como a sua identificação com os conceitos de bem-estar ou de qualidade de vida ocidentais. Ocorre que, para que se possa compreender de

---

[30] *Sumak Kawsay* é uma expressão na língua indígena Quechua que é traduzido, no espanhol, como *Buen vivir* e, no português, Bem viver. Sua conceituação ainda está em construção, como se verá mais adiante.

fato a complexidade deste debate sul-americano sobre o Bem viver, é preciso que se observe o contexto específico no qual ele foi originado, isto é, a sua profunda ligação com a tradição indígena andina e a plurietnicidade destes países que constitucionalizaram tal conceito como seu modelo de desenvolvimento (FATHEUER, 2011, p. 19).

O Bem viver é, portanto, uma filosofia de vida das sociedades indígenas que acabou por perder terreno e ser sufocada pelos efeitos e práticas da racionalidade ocidental. Com efeito, esta noção não visa à acumulação de bens e ao crescimento, mas sim a um estado de equilíbrio e a sua referência à visão de mundo indígena ajuda a compreender isto, vez que o progresso ou o crescimento como um modelo linear de se pensar não encontram espaço neste paradigma (FATHEUER, 2011, p. 16).

O *Sumak kawsay*, conceito advindo da pluralidade das comunidades indígenas, cuja visão cósmica de mundo aproxima-se de uma perspectiva mais ecocêntrica, incorpora a relação humana com a natureza (a *Pachamama* ou Mãe Terra), objetivando uma harmonia com a natureza e condenando a exploração excessiva dos bens naturais. Além disso, diferentemente das ideias de bem-estar ou qualidade de vida ocidentais, esta noção rejeita o monismo cultural e legal e o individualismo, haja vista só ser possível implementá-la em um contexto social, mediado pela comunidade onde vivem as pessoas (FATHEUER, 2011, p. 19-20).

Sobre isto, Romeo (2008, p. 46) destaca que na lógica do Bem viver os direitos sociais não aparecem individualizados, mas pertencentes a um sistema que busca aprofundar a articulação e a conexidade destes por meio da proatividade do Estado, que dinamizará a sociedade de uma forma comunitária e solidária e não a partir do individualismo e da competição.

Nesse sentido, tem-se que o regime deste novo paradigma faz com que o desenvolvimento não fique restrito aos objetivos tradicionais, voltados exclusivamente ao aspecto econômico. Ao contrário, ele propõe, além da dimensão econômica, atenção aos aspectos políticos, sociais, ambientais e culturais (RICKEN, 2011, p. 251), o que o aproxima fortemente da ideia geral de sustentabilidade desenvolvida pelas noções de ecodesenvolvimento e, posteriormente, de desenvolvimento sustentável (mais da primeira do que da segunda).

Porém, o *Sumak kawsay* opera a partir de uma práxis comunitária (identificando-se bastante com a ideia de ecodesenvolvimento), que valoriza a pluriculturalidade do Estado e concebe a terra como espaço de vida e cultura, estando precisamente nestes dois últimos pontos a sua maior distinção entre os demais modelos de desenvolvimento até então apresentados. Então, o desenvolvimento sob a ótica do *Buen vivir* está subordinado aos esforços de construção de uma nova sociedade, na qual a participação popular, a igualdade, a solidariedade e a complementaridade[31] são conceitos centrais (RICKEN, 2011, p. 251-253).

Neste sentido, a adoção da noção inovadora do *Sumak kawsay* pelas Constituições da Bolívia e do Equador, juntamente com a concessão, por ambos os Estados, de direitos à natureza, marcaram uma mudança que, se conseguir transcender a retórica do texto constitucional, será de grande importância para fundar um novo paradigma ou, ao menos, para a aceitação de outras práticas e conhecimentos (FATHEUER, 2011, p. 9-16).

Segundo Fatheuer (2011, p. 16-17), de acordo com a filosofia do Bem viver, é necessário que os tradicionais conceitos de desenvolvimento sejam questionados. Então, a partir desta perspectiva, o conceito de "desenvolvimento sustentável" deve ser aceito como um objetivo intermediário no caminho para um novo paradigma que englobe as dimensões de equidade, liberdade e direitos iguais, assim como de sustentabilidade. Nesse sentido, percebe-se que o Bem viver quebra com os conceitos convencionais, já que repousa sobre as tradições e visões do cosmos indígena e foca em uma relação diferenciada com a natureza. Ademais, tem-se que sua teorização se deu para complementar outros esforços na busca de novas ideias à luz de um mal-estar geral com os tradicionais conceitos de crescimento e progresso.

Dessa forma, mesmo correndo o risco de ser indevidamente apropriado pela procura ocidental por novos princípios orientadores ou mesmo de ser descartado prematuramente como um mero folclore sul-americano sem sentido, o Bem viver encontra sua força especialmente através da sua demarcação crítica em relação ao paradigma ocidental que entrou em crise. Para todas as representações do *Sumak kawsay* isto é parte do processo de descolonização e da criação de uma nova hegemonia baseada na diversidade de culturas. No entanto, importante destacar que a crítica à tradição ocidental não significa a criação de um novo monismo, mas sim a permissão do pluralismo. Este fundamental comprometimento com o pluralismo mostra que o Bem viver não pode e não deve ser um simples retorno ao pensamento ancestral, tradicional (FATHEUER, 2011, p. 20).

---

[31] A noção de complementaridade afirma que nenhum ente existe por si mesmo ou tem uma existência completa. Apenas em conjunto com seu complemento uma entidade particular se converte em totalidade. Este princípio do *Buen vivir* se manifesta em todos os níveis e em todas as dimensões da vida e não foca, conquanto, no sujeito, nem no objeto, mas na relação dos dois, relação de interdependência e interconexão harmoniosa. ESTERMANN, Josef. *Filosofia andina*: sabiduria indígena para un mundo nuevo. La Paz: ISEAT, 2006. p. 142.

Entretanto, diante de todo o exposto no presente item, tem-se que todas essas construções teóricas em busca de um novo modelo de desenvolvimento possuem a ideia geral de sustentabilidade[32] como referência comum na inter-relação entre sociedade e meio ambiente. Com efeito, a noção de sustentabilidade

> Surge na ciência e na política social como o paradigma, na concepção kuhniana de padrão normativo, capaz de açambarcar a essência dos complexos fenômenos sociais da atualidade, em resposta à crise paradigmática da ciência até então estabelecida, cujas teorias não respondem à complexidade referida (MONTIBELLER-FILHO, 2008, p. 24).

Portanto, tem-se que o ambientalismo, tido como um movimento contra-hegemônico, adota um perfil complexo e multidimensional de grande capacidade de ação ética e comunicativa, que o habilita para se constituir em um eixo civilizatório fundamental, na direção de uma maior cooperação e solidariedade entre nações, povos, culturas, espécies e indivíduos. E é nesta função de eixo, que tal movimento acabou por percorrer, de forma transversal, todas as áreas do conhecimento, ecologizando os saberes científicos com a internalização da noção de sustentabilidade nos mais diversos campos. Então, esta noção do novo paradigma, que ainda está em construção, é o elemento-chave para todas as versões do pensamento ambientalista em todas as ciências, inclusive, como se verá a seguir, na Economia e no Direito (MONTIBELLER-FILHO, 2008, p. 43).

3.2. Sustentabilidade na Economia

Embora todas as áreas de conhecimento tenham buscado incorporar a ideia de sustentabilidade com a evidenciação da crise ambiental e impulsionadas pela discussão do tema no contexto internacional, Veiga (2010, p. 17) destaca que as raízes deste debate não podem ser desvinculadas de duas ciências específicas: a ecológica e a econômica.

A ciência econômica, segundo Leff (2010, p. 21), é o instrumento mais poderoso que molda as sociedades atuais, constituindo-se como um paradigma ideológico-teórico-político, como uma estratégia de poder, que, por meio de seus pressupostos e princípios mecanicistas, vistos no primeiro capítulo, gerou um mundo que hoje transborda sobre

---

[32] A noção de sustentabilidade, como se verá no decorrer desta obra, surge, assim como a noção de justiça, por exemplo, como um valor, cuja complexidade dificulta sua concreta definição. Dessa forma, após transformar-se em objetivo político, o valor sustentabilidade apenas será densificado, isto é, ganhará forma e conteúdo específicos, quando internalizado nas mais diversas áreas do conhecimento, sempre fundamentado em um pensamento sistêmico e complexo.

suas externalidades[33] com a alteração dos equilíbrios ecológicos do planeta, a destruição de ecossistemas, o esgotamento de recursos naturais, a degradação ambiental, a desigualdade social, a pobreza extrema, dentre outros, conforme visto no segundo capítulo deste trabalho.

Daí a importância do estudo da ecologização deste saber, que, com a internalização do paradigma da sustentabilidade, isto é, da preocupação ambiental (antes considerada externalidade do sistema) em suas teorias, fez nascer o que se conhece como economia ambiental *lato sensu*, um ramo da economia política que se dedica ao estudo da inter-relação entre desenvolvimento socioeconômico e meio ambiente (MONTIBELLER-FILHO, 2008, p. 23). Neste ponto, importa destacar que dentro da economia ambiental existem diversas correntes teóricas que, apesar de possuírem pontos de cruzamento, divergem entre si sobre qual seria a melhor forma de efetivar a sustentabilidade por meio da economia. No presente estudo, porém, serão destacados os aspectos gerais das duas grandes correntes com maior destaque, a Economia ambiental *stricto sensu* (ou ambiental neoclássica) e a Economia ecológica, ressaltando-se que classificações sempre são arbitrárias, de forma que buscar-se-á evitar limitações e generalizações neste breve apanhado.

3.2.1. Economia ambiental "stricto sensu" ou ambiental neoclássica

Como visto no primeiro capítulo da presente obra, a teoria econômica neoclássica, e grande parte das formulações econômicas que a antecederam, não considera em sua contabilidade a variável ambiental. Tal postura permitiu a ocorrência de "falhas" decorrentes do processo econômico, já que uma série de resultantes do funcionamento do mercado foi excluída do cálculo privado, o que conduziu ao que Derani (1997, p. 108) chama de "sequência de deseconomias", isto é, de produtos não contabilizados na renda do empreendedor, que trouxeram efeitos negativos à sociedade. Assim, ao contrário do que previam os liberais clássicos, a perseguição de interesses individuais não conduziu apenas ao aumento dos benefícios públicos, mas também à destruição da base comum de manutenção da vida.

Estas falhas decorrentes da lógica da economia neoclássica, já entre as décadas de 1920 e 1930, foram denominadas de "externalidades" pelo economista inglês Arthur C. Pigou, que as identificou como as

---

[33] O conceito de externalidade, como se verá no item 3.2.1., se refere as consequências não calculadas pela economia neoclássica, como por exemplo, os recursos naturais utilizados e os impactos causados no meio ambiente pelo processo produtivo, cujos custos são arcados pela sociedade em geral e não pelos produtores que obtêm os lucros.

consequências decorrentes do processo produtivo que não eram contabilizadas pelo sistema, sendo arcadas ou usufruídas pela sociedade em geral. Diante desta constatação, Pigou propôs um método pelo qual pudesse corrigir ou compensar as externalidades que fossem negativas por meio da intervenção estatal. Contudo, a teoria convencional neoclássica, que desde este período predominou de forma hegemônica na grande maioria das sociedades, ignorou esta formulação, não considerando tais consequências negativas, inclusive as ambientais, como um problema a ser solucionado pela economia (MONTIBELLER-FILHO, 2008, p. 91).

Este panorama apenas começou a mudar a partir da década de 1960, com a difusão do movimento ambientalista, que trouxe a modificação do comportamento de alguns segmentos sociais em relação à preferência de consumo e a regulação e criação de leis ambientais, passando a colocar impedimentos ecológicos às atividades humanas, notadamente às econômicas. Diante desta nova realidade, embora a economia neoclássica ainda impere nas práticas e políticas mercadológicas, iniciou-se um processo de introdução da variável ambiental neste campo do conhecimento e a escola neoclássica tem se destacado não só por ser o pensamento dominante, mas, principalmente, por estar comprometida com a manutenção do modelo crescimentista (MONTIBELLER-FILHO, 2008, p. 91-92).

A partir de então, a fim de equacionar os problemas ambientais, mantendo-se, contudo, o modelo de processo produtivo voltado ao crescimento, surge a economia ambiental *stricto sensu*, também conhecida como economia ambiental neoclássica, cujo objetivo é incorporar o meio ambiente ao mercado. E, para tanto, adota e adapta duas teorias: a da extensão do mercado de Ronald Coase, que propõe transformar tudo o que for de propriedade comum em propriedade privada, atribuindo preços aos recursos naturais; e a teoria da correção do mercado de Arthur C. Pigou, que aposta na extensão da política econômica do bem-estar ao tratamento do meio ambiente, com a intervenção do Estado como corretor das externalidades negativas causadas pelo modelo econômico. A preocupação central, conquanto, é a internalização das externalidades ambientais, visando ao uso racional dos recursos naturais (DERANI, 1997, p. 107-108).

Nesse sentido, é possível afirmar que, para a economia ambiental neoclássica, os problemas sociais e ambientais são derivados de falhas do mercado e constituem resultados indesejáveis que tendem a ser resolvidos pelo próprio funcionamento do sistema, de forma espontânea ou induzida, por meio da valoração monetária dos bens e serviços ambientais, ou seja, imputando valor econômico àquilo que o mercado normalmente não considera (MONTIBELLER-FILHO, 2008, p. 23-27). Então, Montibeller-Filho (2008, p. 92) sintetiza o conteúdo básico da economia ambiental neoclássica com as seguintes estratégias:

> Valoração monetária dos bens e serviços ambientais; internalização das externalidades; a proposição o poluidor paga; os direitos de propriedade; o valor econômico total dos bens e serviços ambientais; o método da valoração contingencial; a análise benefício/custo (ambiental).[34]

Assim, percebe-se que esta reformulação da economia neoclássica para consideração do aspecto ambiental neste conhecimento, identifica-se claramente com as proposições do modelo de sustentabilidade contidas no Relatório Brundtland e propagadas pelo discurso oficial do PNUMA,[35] mencionadas no item anterior, cujo conceito de sustentabilidade está fundado em três pilares: social, econômico e ambiental. Nesta versão dos três pilares, surgido com o "Nosso Futuro Comum" e utilizado por quase todos os documentos oficiais que abordam a questão, o termo *sustentável* refere-se à coexistência destas três bases como entidades equivalentes e que, no caso de conflitos, devem ser balanceadas (WINTER, 2009, p. 2-5).

Com essa apropriação, o conceito de desenvolvimento sustentável é trabalhado sob a perspectiva de uma sustentabilidade conhecida como fraca, haja vista defender que a natureza jamais constituirá um obstáculo à expansão econômica, pois, cedo ou tarde, qualquer elemento da biosfera que se mostrar limitante ao processo produtivo acabará substituído, devido a novas combinações entre seus três elementos fundamentais: trabalho social, capital produzido e recursos naturais. "Isso porque o progresso científico e tecnológico sempre conseguirá introduzir as necessárias alterações que substituam a eventual escassez, ou comprometimento, do terceiro fator" (VEIGA, 2009, p. 59).

Sob essa perspectiva, não haveria, então, qualquer incompatibilidade entre crescimento econômico e preservação do meio ambiente, já que toma como suficiente para sustentabilidade a regra de que cada geração legue à seguinte o somatório dos três tipos de capital – o propria-

---

[34] Para maiores detalhes sobre cada uma dessas estratégias ver a obra "O mito do desenvolvimento sustentável: meio ambiente e custos sociais no moderno sistema produtor de mercadorias", do autor Gilberto Montibeller-Filho.

[35] Prova disto são as formulações de uma "economia verde" feitas nos discursos oficiais da Rio+20, a qual, em verdade, é uma nova roupagem dada à economia ambiental neoclássica, vez que baseia-se nos mesmos fundamentos (manutenção do crescimento, otimismo tecnológico, monetarização dos bens naturais, etc), porém com algumas novas propostas (deslocamento, matriz energética verde, etc.), que serão vistas no próximo capítulo. Essa é a perspectiva defendida, também, pelo Banco Mundial em suas tentativas em estimar o que seria uma "poupança genuína". Sobre o assunto ver as obras "Sustentabilidade: o que é – o que não é", do autor Leonardo Boff, "Sustentabilidade: a legitimação de um novo valor", do autor José Eli da Veiga, e "Muito além da economia verde", do autor Ricardo Abramovay.

mente dito, o natural/ecológico e o humano/social –, considerando-os totalmente intercambiáveis ou intersubstituíveis, o que é chamado de capital total constante (VEIGA; CECHIN, 2009, p. 22). Em outras palavras, para a sustentabilidade fraca o que é preciso garantir às futuras gerações é a capacidade de produzir, de forma que o capital natural pode ser substituído por tecnologias e também por capital financeiro (que paga/compensa o uso dos recursos) o que acaba reduzindo/igualando o conceito de desenvolvimento sustentável ao de crescimento econômico (VEIGA, 2009, p. 60).

Destarte, a fraqueza desta perspectiva de sustentabilidade torna-se evidente quando se destaca a impossibilidade de reconstrução da biosfera pelos humanos por meios técnicos. Além disso, do ponto de vista social, sua inconsistência é sublinhada com a percepção da incomensurabilidade[36] dos recursos naturais, fazendo com que a indenização paga como compensação por sua utilização seja geralmente inferior (há uma troca desigual), e do fato do capital financeiro poder perder seu valor tornando-se inútil (WINTER, 2009, p. 8). Dessa forma, verifica-se que esta sustentabilidade fraca proposta pela economia ambiental neoclássica apenas mostra como se tratar com a natureza, a fim de que se retire dela um máximo de utilidade econômica privada, buscando integrar o meio ambiente na economia de mercado. Nesse sentido, Derani (1997, p. 110-111) afirma que:

> A monetarização e a regulamentação da natureza, como um fator escasso da produção e como uma propriedade privada, otimizam os modos de sua utilização econômica e procuram enquadrar o objetivo de lucro empresarial dentro de uma política empresarial ambientalmente sustentável. Não chegam, contudo, a atingir o verdadeiro cerne da questão.

Em verdade, esta mercantilização dos bens naturais acaba privatizando-os e, em vez de conservá-los, permite sua ampla utilização por uma pequena elite, tornando-os inacessíveis às parcelas sociais menos privilegiadas. "A perversidade deste mecanismo já tem mostrado o quanto produtos antes livres, e tomados como de natural acesso a qualquer pessoa, tornaram-se produtos de luxo" (DERANI, 1997, p. 112). Somada a isto se encontra a dificuldade, ou mesmo impossibilidade, de se atribuir uma medida monetária ao recurso natural, já que não possui fatores de produção que lhe deem um custo, de forma que sua valora-

---

[36] Montibeller-Filho explica que o termo incomensurabilidade significa a inexistência de padrão de medida comum com outra grandeza. É o caso da avaliação de preferências das gerações vindouras, levada a efeito pela atual, nos processos da valoração econômica dos bens ambientais. De acordo com os economistas ecológicos, o sistema de preços de mercado, na medida em que não considera a degradação ambiental, possibilita a ocorrência de uma troca ecologicamente desigual. MONTIBELLER-FILHO, Gilberto. *O mito do desenvolvimento sustentável*: meio ambiente e custos sociais no moderno sistema produtor de mercadorias. Florianópolis: Editora UFSC, 2008. p. 135.

ção fica restrita à disponibilidade ou escassez do recurso, ignorando toda importância da função ecológica e cultural dos bens naturais (DERANI, 1997, p. 113). Nesse sentido, Leff (2010, p. 28) alerta que:

> O grande desafio diante da crise ambiental não é economicizar a vida e a natureza, e sim pensar e construir outra economia. Todas as ciências dotaram-se de novas bases diante de seus próprios limites. A "internalização de externalidades" não se resolve estendendo a racionalidade econômica a todas as ordens ontológicas do mundo, atribuindo preços e valores de mercado às "externalidades": aos bens e serviços ambientais, aos valores intrínsecos da natureza, aos valores culturais. Isso equivale a continuar ignorando o *status* ontológico e o valor de existência da natureza e da vida; é querer sujeitá-las a esse mesmo mecanismo, submetê-las a essa racionalidade quando na verdade implicam processos, racionalidades, lógicas, valores e sentidos muito diferentes, tanto no âmbito ecológico como na esfera da cultura.

Assim, a rotulação de sustentável ao desenvolvimento acabou sendo indevidamente apropriada como justificação para continuidade do crescimento econômico, agora sustentável ou verde, e as consequências ambientais daí advindas continuam sendo tratadas como efeitos colaterais toleráveis, já que é necessário compatibilizar os pilares do desenvolvimento sustentável. Nesse sentido, resta evidente que não se pode esquecer que, após anos de decomposição ideológica para ajustes e domesticação de hábitos, gostos e modos de vida, qualquer perspectiva de haver uma transição de um modelo de proveito individual para um modelo que tenha uma utilidade social prática, deve surgir fora dessa lógica estéril, idealizada em um processo econômico impossível de se concretizar (DERANI, 1997, p. 114-115).

Portanto, ao que parece, faz-se necessária a construção de uma nova racionalidade, baseada no potencial produtivo dos ecossistemas e na apropriação cultural da natureza. "Isso oferece novos caminhos à geração de formas diversificadas de produção sustentável, deslindando-se do mercado como lei suprema do mundo globalizado" (LEFF, 2006, p. 157). E foi exatamente com base nessas críticas de fragilidade da perspectiva de sustentabilidade proposta pela Economia ambiental neoclássica que outra corrente da Economia ambiental *lato sensu*, surgida já na década de 1970, passou a ganhar terreno: a Economia ecológica.

3.2.2. Economia ecológica

Com efeito, percebe-se que a teoria econômica neoclássica atingiu um grau tão alto de abstração, que idealizou e tipificou as relações humanas a ponto de desvinculá-las dos padrões reais. Destarte, a abstração necessária para o desenvolvimento do raciocínio neoclássico, com suas teorias sobre escassez criada e valor de troca, por exemplo, acabou tornando a realidade dispensável para a sua formação. E é, segundo Derani (1997, p. 115), justamente por sua incapacidade de refletir a realidade, que as teorizações econômicas vem sendo responsabilizadas pelos desenvolvimentos distorcidos, crises e catástrofes potenciais, principalmente as ambientais.

Seguindo esta esteira, Leff (2006, p. 172) afirma que a crise socioambiental irrompeu em um mundo no qual a economia ficou desprovida de lei e de valor, onde o simbólico perdeu sua referencialidade e sua conexão com o real. Nesse sentido, a economia ambiental neoclássica parece persistir nos mesmos erros da teoria neoclássica, ao buscar a mercantilização da natureza, incluindo os bens naturais na sua abstração teórica. Então,

> nesse vazio ontológico e nesse reino da dissimulação, emerge a entropia como lei-limite da racionalidade econômica. A natureza se impõe às falácias, às ficções e às especulações do discurso do desenvolvimento sustentado[37] as de uma ordem simbólica autônoma desprendida de sua conexão com o real (LEFF, 2006, p. 173).

Portanto, esta notoriedade do afastamento da economia neoclássica, tanto a tradicional como a ambiental, de sua base ontológica e, por consequência, da sua incapacidade em solucionar os problemas ambientais, deu lugar ao surgimento da economia ecológica, que em seus primórdios afirmava a necessidade de classificar a economia como um subsistema sujeito às condições impostas pela biosfera. Assim, seguindo a retórica da teoria de sistemas, a economia sob esta perspectiva deveria adaptar-se às condições impostas pelo sistema ecológico mais amplo e mais complexo que a contém e não o contrário, como dispõe a economia ambiental neoclássica (LEFF, 2010, p. 22).

Antevendo este debate, o matemático e economista romeno Nicholas Georgescu-Roegen, considerado o fundador da economia ecológica (também conhecida como bioeconomia ou ecoeconomia), já na década de 1970, estabeleceu uma crítica fundamental à economia neoclássica mecanicista, vinculando o processo econômico às leis da termodinâmica, perspectiva esta que chamou à realidade aqueles teóricos que pensavam – e muitos ainda continuam a acreditar – "que o mundo da economia e da produção é uma mera circulação de valores e preços de mercado, um sistema que se alimenta de uma natureza infinita excluída dos fatores da produção" (LEFF, 2010, p. 23).

---

[37] Leff, na obra "Racionalidade ambiental: a reapropiação social da natureza", denomina de "desenvolvimento sustentado" a perspectiva de sustentabilidade fraca proposta pela economia ambiental neoclássica, diferenciando-o de "desenvolvimento sustentável", que teria mais pertinência com uma perspectiva biofísica e forte da sustentabilidade.

Neste sentido, Leff (2010, p. 23-24) destaca que Georgescu-Roegen revolucionou o pensamento econômico com a publicação de um artigo denominado "A lei da entropia e o processo econômico" no ano de 1971, sendo o primeiro a defender que a economia não é um sistema autônomo, hermeticamente fechado e circular ao observar que a produção de qualquer mercadoria sempre implica na extração e na transformação da natureza, ou seja, de massa e de energia; e que essa transformação de massa e energia, embora ativada e demarcada pelas leis do mercado, circula e se degrada segundo as leis da ecologia e da termodinâmica. Assim, há nesse processo uma perda líquida de energia útil para o meio – de estados de baixa entropia para estados de alta entropia –, cuja manifestação mais clara é a transformação da energia em calor, que é a forma mais degradada, irreversível e irrecuperável da energia, ao menos em nosso planeta.

Em outras palavras, esta lei da termodinâmica – lei da entropia[38] – mostra que, longe de ser um sistema fechado e circular, mo qual tudo o que entra é aproveitado e reciclado dentro do próprio sistema, o processo produtivo nunca será cem por cento eficiente, eis que sempre haverá uma perda de energia e matéria que, a longo prazo, levará à escassez e mesmo à extinção destes recursos, o que evidencia a impossibilidade prática (biofísica) de se ter uma economia em eterna expansão (VEIGA, 2010, p. 19).

Percebe-se, conquanto, que a economia ecológica baseia-se em princípios da ecologia humana,[39] a qual se fundamenta na biologia e em conceitos importados da física. Adota, então, uma visão sistêmica e transdisciplinar, com claras referências à ecologia, aos fluxos físicos de energia e de materiais, à ideia de equilíbrio e às primeira e segunda leis da termodinâmica em suas abordagens sobre o funcionamento dos sistemas naturais (MONTIBELLER-FILHO, 2008, p. 120). Sobre o assunto, Montibeller-Filho (2008, p. 132) sintetiza:

> A economia ecológica, ou ecoeconomia, analisa a estrutura e o processo econômico de geossistemas sob a ótica dos fluxos físicos de energia e de materiais. Trata de explicar o uso de materiais e energia em ecossistemas humanos, mas vai além da ecologia

---

[38] José Eli da Veiga esclarece que toda transformação energética envolve produção de calor. Ele tende a dissipar-se e, por isso, é a forma mais degradada de energia. Embora uma parte possa ser recuperada para algum propósito útil, não se pode aproveitar todo o calor, justamente devido à sua tendência a se dissipar. Assim, a essência da Lei da Entropia é que, em um sistema isolado, a degradação da energia tende a um máximo, e que tal processo é irreversível. VEIGA, José Eli da. *Sustentabilidade*: a legitimação de um novo valor. São Paulo: Senac São Paulo, 2010. p. 19.

[39] Segundo Montibeller-Filho, ecologia humana é o estudo do uso de energia e materiais em ecossistemas onde vivem homens e mulheres. MONTIBELLER-FILHO, Gilberto. *O mito do desenvolvimento sustentável*: meio ambiente e custos sociais no moderno sistema produtor de mercadorias. Florianópolis: Editora UFSC, 2008. p. 123.

humana, pelo fato de integrar na análise desses fluxos a crítica aos mecanismos e preços de mercado e à valoração econômica da economia ambiental neoclássica.

Então, inspirados nas lições de Georgescu-Roegen, economistas ecológicos passaram a analisar e quantificar os processos de transformação (como o industrial) a partir da consideração das leis da termodinâmica, sobretudo a lei da entropia. Isso porque estes economistas acreditavam que, tendo-se conhecimento das enormes quantidades de matérias-primas e energia que são dissipadas pela transformação econômico-industrial, processo irreversível de degradação entrópica, a sociedade poderia lutar para diminuir esta degradação, principalmente por meio da utilização de materiais energeticamente mais eficientes, menos recursos naturais esgotáveis e reduzindo a geração de resíduos – que significam calor não aproveitado, materiais não reciclados – (MONTIBELLER-FILHO, 2008, p. 133).

Com efeito, este novo olhar sobre a produção ajudou na compreensão do crescente fluxo de energia degradada que conduz à insustentabilidade ecológica do processo econômico, assim como à erosão da biodiversidade e à exacerbação do conflito que surge das lutas sociais pela sobrevivência e pelo acesso aos recursos naturais ante a crescente escassez ecológica gerada pela racionalidade econômico-tecnológica dominante (LEFF, 2006, p. 184-185). Tal perspectiva, conhecida como biofísica, defende que a sustentabilidade só pode ser alcançada com a minimização dos fluxos de energia e matéria que atravessam esse subsistema, e daí a decorrente necessidade de desvincular os avanços sociais qualitativos daqueles infindáveis aumentos quantitativos da produção e do consumo (VEIGA, 2010, p. 19). Ou seja, a economia ecológica posiciona-se expressamente contra a ideia de crescimento infinito, eis que, ao considerar a economia como um subsistema contido no ecossistema, não pode crescer infinitamente, eis que possui os limites reais da bioesfera.

A partir destes pressupostos iniciais da economia ecológica muitas correntes teóricas foram sendo desenvolvidas para ajustar a economia às condições de sustentabilidade, estando entre as de maior destaque a proposta do *"Steady State"* ("Estado estacionário").[40]

---

[40] Ressalta-se que há várias outras formulações dentro da economia ecológica, como, por exemplo, a teoria de grande repercussão conhecida como do "decrescimento", todas se contrapondo a ideia de crescimento infinito. No entanto, no presente trabalho destacar-se-á apenas a teoria do "estado estacionário" a título de demonstração de como a economia ecológica tem se desenvolvido. Importante destacar, também, que há outras formulações teóricas em contraposição ao pensamento neoclássico, como a teoria ecomarxista, que não serão abordadas neste estudo pela delimitação de páginas e por não ser este o foco de análise.

Tal teoria defende a restrição da economia de modo que não cresça além do que possibilita a manutenção do capital natural do planeta, ou seja, da regeneração dos recursos e a absorção de seus dejetos. Então, a sustentabilidade seria um princípio que coloca como condição a conservação de um estoque básico de recursos e a renovabilidade do capital natural (LEFF, 2010, p. 23).

Sem dúvida alguma, o economista Herman E. Daly é o maior nome desta teoria. Sobre sua tese, o autor esclarece que a economia em um estado estacionário pode ser definida por quatro características: i) pela manutenção da população de indivíduos humanos constante; ii) pela manutenção do estoque de bens manufaturados constante; iii) pela suficiência para uma vida agradável e sustentável a longo prazo destes níveis constantes acima referidos (população e produtos); e iv) pela redução ao nível mais baixo possível da taxa de processamento de matéria e energia para manutenção destes estoques. Sobre está última característica, para a população humana, isto significa que as taxas de natalidade devem ser iguais as de mortalidade em níveis baixos, de modo que a expectativa de vida seja alta. Já para os produtos, isto significa que a produção deverá ser igual à depredação dos artefatos, sempre em níveis baixos, de modo que os bens manufaturados sejam duráveis e a degradação e contaminação decorrentes do processo produtivo se mantenham em níveis pequenos, respeitando os limites naturais de recomposição e resiliência (DALY, 1989, p. 334).

Nesse sentido, a economia do estado estacionário adota um comportamento diferente frente a cada uma das três magnitudes básicas estudadas pela economia, quais sejam: i) o acervo, que é o estoque total de produtos para satisfação das necessidades humanas; ii) o serviço, que é a satisfação experimentada quando supridas as necessidades humanas; e iii) o transumo (ou processamento), que é o fluxo físico entrópico de matéria e energia provenientes de fontes naturais que passa pela economia humana e regressa como resíduo à natureza, o qual é necessário para manter e renovar os acervos constantes. Destarte, para a economia do estado estacionário deve-se: 1) manter o acervo de bens em um nível suficiente para uma vida abundante para a geração atual e ecologicamente sustentável para um futuro extenso; 2) maximizar o serviço (isto é, a satisfação psíquica obtida pelo suprimento das necessidades humanas) com um acervo de bens constante (exatamente o oposto do pugnado pela economia consumista/crescimentista); e 3) minimizar o transumo (degradação entrópica) dado em um acervo constante (DALY, 1989, p. 337).

A partir disto, a economia do estado estacionário faz importante distinção entre crescimento e desenvolvimento, opondo-se ao primeiro.

Para esta teoria, crescimento se refere ao aumento do serviço pelo incremento do acervo de bens e do transumo. Por outro lado, desenvolvimento diz respeito ao aumento do serviço enquanto são mantidos constantes o acervo e o transumo. Com estas definições pode-se dizer que uma economia de estado estacionário se desenvolve, mas não cresce, da mesma forma que o planeta Terra, do qual é um subsistema, se desenvolve sem crescer (DALY, 1989, p. 338). Em outras palavras, essa teoria defende o fim do crescimento, não do desenvolvimento, o que significa apenas uma evolução qualitativa e não quantitativa.

Segundo Veiga e Cechin (2009, p. 22), em contraposição ao desenvolvimento sustentável baseado na perspectiva de uma sustentabilidade fraca, a economia do estado estacionário – corrente da economia ecológica – surge identificada como a proposição de uma sustentabilidade forte, cujo um dos pressupostos seria a impossibilidade de troca/substituição entre os fatores produtivos – capital/humano/natural –, destacando a obrigatoriedade de que pelo menos os serviços do "capital natural" sejam mantidos constantes.

Para Winter (2009, p. 4), o conceito de três pilares proposto pela sustentabilidade fraca é imprudente e descompromissado, levando facilmente a sacrifícios da natureza, utilizados para o destaque da economia a curto prazo ou para interesses sociais, mas que, a longo prazo, podem tornar-se destrutivos para todos estes pilares, levando ao colapso do sistema. Então, a proposta da economia ecológica, notadamente da economia do estado estacionário, seria uma nova leitura do que propõe o Relatório Brundtland, interpretando a noção de "desenvolvimento sustentável" como o desenvolvimento socioeconômico que permanece suportado por sua base, a biosfera, para as futuras gerações.

Assim, a biosfera torna-se de fundamental importância, tendo a economia e a sociedade como parceiros mais fracos, haja vista que a biosfera pode existir sem os humanos, mas o contrário não é verdadeiro. Portanto, o quadro apropriado não seria o de três pilares, mas sim o de um fundamento – a biosfera – com dois pilares apoiando-o – a sociedade e a economia (WINTER, 2009, p. 4-5). Os defensores da sustentabilidade forte, então, entendem que o critério de justiça intergeracional não deve ser a manutenção do capita total, como defendido pela sustentabilidade fraca, mas sim a constância da sua parte não reprodutível, que chamam de "capital natural" (VEIGA, 2009, p. 61). Nas palavras de Winter (2009, p. 8):

> Estas regras chamadas de sustentabilidade forte prescrevem que os recursos renováveis não devam ser utilizados além da taxa de reprodução, e que os recursos não renováveis devam ser geridos economicamente a serem substituídos por aqueles que

possam ser renovados, e também que a capacidade de absorção média de poluentes que o meio ambiente possui não deva ser excedida.

Nesse sentido, percebe-se que, enquanto a economia ambiental segue a estratégia teórica de estender os braços da economia para recodificar os recursos naturais em termos de valores econômicos, englobando os bens e serviços ambientais no conceito totalizador de capital natural, a economia ecológica tem sido construída na intenção de ajustar os mecanismos da economia às leis da termodinâmica e aos ciclos ecológicos, abrindo-se para as inter-relações com outros sistemas, em um anseio de construir um paradigma sistêmico-interdisciplinar-sustentável (LEFF, 2010, p. 37).

Contudo, apesar da economia ecológica apresentar maior coerência na busca por uma real sustentabilidade, na prática a perspectiva da sustentabilidade fraca proposta pela economia ambiental neoclássica ainda predomina nas políticas públicas de grande parte dos Estados. Isto porque, segundo Leff (2010, p. 24), a economia tem se mostrado como a ciência mais resistente a internalizar em suas estruturas teóricas e em seus instrumentos de gestão as condições de sustentabilidade ecológica, uma vez que, pretende ser uma ciência humana construída sobre os princípios imutáveis da física mecânica, aos quais já não correspondem nem o processo de produção nem a própria física.

Com efeito, enquanto a física revolucionou e refundamentou seus paradigmas teóricos, a economia se nega a enfrentar seus dogmas, "mantendo sua inércia mecanicista e seu inelutável processo de produção de entropia, incapaz de perceber que é isso que está destruindo as bases de sustentabilidade do planeta" (LEFF, 2010, p. 24). Assim, a economia ambiental neoclássica, ao invés de rever seus impensáveis, buscou contornar o problema gerando novos conceitos e instrumentos para economicizar ainda mais o mundo e capitalizar a natureza.

Feitos estes esclarecimentos a respeito do caminho percorrido pela preocupação com as questões ambientais no contexto internacional, bem como dentro da Economia, buscar-se-á, no próximo item, observar como a ideia de sustentabilidade, decorrente das preocupações ambientais emergentes, foi internalizada no campo jurídico.

3.3. Sustentabilidade no Direito

Do que foi analisado até o momento, é possível afirmar que o processo de ecologização do conhecimento, surgido como resposta à ineficácia da ciência determinista, que privilegia o conhecimento fragmentado, para lidar com as complexas questões ambientais, gerou novos enfoques integrados, métodos interdisciplinares e paradigmas da complexidade, como, por exemplo, as ciências ambientais emergentes. No entanto, como bem alerta Leff (2010, p. 166), para além da ecologização dos processos sociais e da incorporação de condições e bases ecológicas de sustentabilidade aos processos econômicos, deve-se construir uma nova racionalidade (ambiental), bem como conduzir ações que implementem efetivamente a sustentabilidade. Para tanto, a ativação de um conjunto de processos sociais se faz necessária, como:

> A incorporação dos valores de conservação da natureza e dos princípios de sustentabilidade nos direitos humanos e nas normas jurídicas que orientam a tomada de decisões e sancionam o comportamento dos atores econômicos e sociais; a socialização do acesso e apropriação da natureza; a democratização dos processos de gestão ambiental e desenvolvimento sustentável; as reformas do Estado que lhe permitem mediar a resolução pacífica de conflitos de interesses em torno da propriedade e do aproveitamento dos recursos e que favoreçam a gestão participativa e descentralizada dos recursos ambientais; as mudanças institucionais necessárias para uma administração transetorial do desenvolvimento sustentável; e a reorientação interdisciplinar do conhecimento e da formação profissional, e sua abertura para um diálogo de saberes com os diversos atores políticos, econômicos e sociais, na construção coletiva de uma sociedade sustentável (LEFF, 2010, p. 166-167).

Analisando-os detidamente, percebe-se que todos estes processos possuem um caráter político-jurídico e implicam a necessidade de se abrir a reflexão teórica, a pesquisa acadêmica e a ação política para a problemática ambiental, principalmente no campo das ciências sociais, da qual faz parte a ciência jurídica (LEFF, 2010, p. 166-167).

Nesse sentido, tem-se que a discussão teórico-política sobre a questão ambiental no contexto internacional, vista no primeiro item deste capítulo, influenciou de forma significativa a juridicização do ambiente. Com efeito, o movimento ambientalista conseguiu produzir um conjunto de princípios jurídico-ambientais, através de protocolos e declarações emanados dos diversos fóruns e conferências mundiais e internacionais sobre o tema, que constituem, atualmente, a base jurídica internacional ambiental, a qual, por sua vez, influenciou o Direito interno de grande parte dos Estados-nação, inclusive o brasileiro (MONTIBELLER-FILHO, 2008, p. 49).

Deste processo resultou a abertura do Direito a esta nova problemática, isto é, a sua ecologização, densificada com o surgimento do Direito ambiental, "instância mais elevada de concretização da política ecológica" (MONTIBELLER-FILHO, 2008, p. 29), que, com enfoque fortemente inter e transdisciplinar,[41] visa à internalização das questões ambientais na ciência jurídica, para efetivar a sustentabilidade pela regulação, controle e, se necessário, punição das atividades econômico--sociais.

Ocorre que, diferentemente de outras disciplinas jurídicas clássicas, o Direito Ambiental surge e se consolida no mesmo período em que as Constituições dos Estados-nação começam a se ecologizar. Então, estes são, ambos, processos que ocorrem quase que de forma simultânea e que se impulsionam reciprocamente. Segundo Benjamin, a experimentação jurídico-ecológica empolgou, ao mesmo tempo, o legislador infraconstitucional e o constitucional (BENJAMIN, 2010, p. 84).

Destarte, foi em meados da década de 1970 que os sistemas constitucionais de todo o mundo começaram, efetivamente, a reconhecer o ambiente como valor merecedor de tutela maior, tornando-se uma irresistível tendência internacional, que coincide com o surgimento e consolidação do Direito Ambiental. Assim, segundo Benjamin (2010, p. 81-82), ocorreram três ondas de constitucionalização ambiental no mundo: a primeira, na década de 1970, representada por países europeus que se libertavam de regimes ditatoriais, como a Grécia (1975), Portugal (1976) e Espanha (1978). Em seguida, em uma segunda onda, foi a vez de países como o Brasil, que, assim como os países que esverdearam suas Constituições na primeira onda, teve direta e forte influência dos padrões e linguagem da Declaração de Estocolmo (1972). E, por fim, após a Rio92, veio a terceira onda, quando outras Constituições passaram a ser promulgadas ou reformadas, incorporando, expressamente, concepções jurídico-ecológicas, como a de desenvolvimento sustentável, biodiversidade e precaução, a exemplo da Argentina (1994), da França (2005), do Equador (2008) e da Bolívia (2009).

Coube a tais Constituições repreender e retificar o velho paradigma civilístico, substituindo-o por outro mais sustentável, isto é, mais sensível à saúde das pessoas, às expectativas das futuras gerações, à manutenção das funções ecológicas, aos efeitos negativos a longo prazo da exploração predatória dos recursos naturais, bem como aos bene-

---

[41] Fala-se em interdisciplinaridade, pois, para o desenvolvimento e a correta aplicação do Direito Ambiental, é preciso que se aproximem outras áreas do conhecimento, como a Ecologia, a Biologia, a Física, a Geografia, etc. Contudo, é possível qualificá-lo, também, como transdisciplinar, haja vista que procura estimular uma nova compreensão da realidade articulando elementos que passam entre, além e através das disciplinas jurídicas (Constitucional, Administrativa, Cível, etc.), criando novos conceitos e significações, numa busca de compreensão da complexidade. Com efeito, a transdisciplinaridade é complementar da interdisciplinaridade, já que faz emergir da confrontação das disciplinas novos dados que as articulam entre si e que nos dão uma nova visão da natureza e da realidade. Maiores informações sobre a temática, ver a obra Inter ou Transdisciplinaridade? Da fragmentação disciplinar ao novo diálogo de saberes, do autor Américo Sommerman.

fícios tangíveis e intangíveis do seu uso-limitado (e até não uso). Então, o universo dessas novas ordens constitucionais permitiu propor, defender e edificar uma nova ordem pública, centrada na valorização da responsabilidade de todos para com as verdadeiras bases da vida, a Terra (BENJAMIN, 2010, p. 86).

Portanto, os fundamentos dorsais do Direito Ambiental encontram-se quase que em sua totalidade expressamente apresentados em um crescente número de Constituições modernas, pelas quais se poderá vislumbrar a implementação de um novo paradigma (mais ecológico) ético-jurídico e, também, político-econômico, marcado pela superação da compreensão coisificadora e fragmentária da biosfera, bem como pela internalização da noção de sustentabilidade (BENJAMIN, 2010, p. 85-86). Em decorrência disto, o próximo item se propõe a analisar, de forma sucinta e não exaustiva, como ocorreu este processo de ecologização da Constituição brasileira em 1988 e, portanto, do Direito nacional.

3.3.1. O surgimento de uma nova dimensão de direitos e a fundação do Estado de Direito Ambiental no Brasil

Segundo Benjamin (2010, p. 79-80), dificilmente as transformações paradigmáticas constitucionais ocorrem por simples acidente de percurso e com o processo de ecologização das Constituições não foi diferente. Não há dúvidas de que a evidenciação da crise socioambiental e os emergentes debates sobre as questões ambientais no contexto internacional libertaram verdadeiras correntes que, a partir dos anos 1970, internalizaram a problemática ambiental no Direito. Isto porque, restou claro que estas novas ameaças não poderiam ser enfrentadas exclusivamente pelas autoridades públicas ou por iniciativas individuais isoladas, pois, agora, são e serão afetados todos os membros da comunidade indistintamente, inclusive os das gerações futuras.

Este contexto propiciou, então, o surgimento de uma conflituosidade social intensa, referente à necessidade de reformulação dos princípios fundamentais que dão sustentação ao Estado de Direito, para que este pudesse acompanhar as mutações sociais, de forma a propiciar soluções para minimizar, se não para reverter o processo de degradação e exploração desmedida, ofertando a devida proteção ao meio ambiente e criando uma nova dimensão de direitos (LEITE; AYALA, 2010, p. 25). Nas palavras de Sarlet e Fensterseifer (2011, p. 33):

> Cumpre ao Direito, portanto, a fim de restabelecer o equilíbrio e a segurança nas relações sociais (agora socioambientais), a missão de posicionar-se em relação a essas

novas ameaças que fragilizam e colocam em risco a ordem de valores e os princípios republicanos e do Estado Democrático de Direito, bem como comprometem fortemente a sobrevivência (humana e não humana) e a qualidade de vida.

Dessa forma, entendendo-se o fato de que cada época reproduz suas próprias práticas jurídicas específicas, vinculada às relações sociais e às necessidades humanas (WOLKMER, 2012, p. 15), assim como ocorrera em outros momentos históricos, surgiu, neste momento histórico, a necessidade de reformulação dos pilares sustentáculos do Estado de Direito – éticos e jurídicos – para incorporar novos pressupostos mais adequados à nova realidade. O Estado de Direito, portanto, não é uma obra acabada, mas "um processo de constante atualização e aperfeiçoamento, uma representação ativa que, ao incorporar novos elementos modifica a sua própria estrutura e racionalidade" (FERREIRA, 2010, p. 163).

Nesse sentido, importante observar que toda reforma estatal sempre guarda estreita relação com a teoria dimensional dos direitos fundamentais. Portanto, após os direitos de primeira e segunda dimensões, que fundaram o Estado Democrático de Direito (ou Liberal de Direito) e o Estado Social de Direito (ou do Bem-estar social), respectivamente, surgem, ainda neste processo reformulativo e com base no princípio da solidariedade, os direitos de terceira dimensão, como base construtiva do Estado de Direito Ambiental (SARLET, 2003, p. 51-54).

O ponto diferenciador destes direitos de terceira dimensão está na sua titularidade, conquanto dizem respeito à proteção de categorias ou grupos e não mais ao homem individual. Então, representam os direitos metaindividuais, direitos coletivos e difusos e direitos de solidariedade, como, por exemplo, os relacionados à paz, à autodeterminação dos povos, ao meio ambiente sadio, à qualidade de vida, etc. (SARLET, 2003, p. 53-54).

Dessa forma, o Estado de Direito Ambiental, assim como os demais Estados antecessores, surge com a incorporação de uma nova dimensão de direitos fundamentais ao sistema. Todavia, importante grifar que este novo Estado não se desvincula dos direitos fundamentais já conquistados, motivo pelo qual se impõe como mais apropriada a utilização do termo "dimensão", em substituição aos termos gerações, eras ou fases, porquanto estes direitos não são substituídos ou alterados de tempos em tempos, mas resultam de um processo de complementaridade permanente, de conjugação e conformação de funções e interesses (SARLET, 2003, p. 50).

Além da inauguração desta nova dimensão de direitos fundamentais, é possível afirmar que a construção do Estado de Direito Ambiental é fundado, também, por um novo paradigma, que propõe aplicar o princípio da solidariedade econômica e social para se alcançar um desenvolvimento sustentável, fundado em equidade intergeracional e em uma visão menos antropocêntrica (LEITE; AYALA, 2010, p. 30-31). Nesse sentido, Sarlet e Fensterseifer (2011, p. 42-43) afirmam que:

> O marco jurídico-constitucional socioambiental ajusta-se à necessidade da tutela e promoção – integrada e interdependente – dos direitos sociais e dos direitos ambientais num mesmo projeto jurídico-político para o desenvolvimento humano em padrões sustentáveis, inclusive pela perspectiva da noção ampliada e integrada dos direitos fundamentais socioambientais ou direitos fundamentais econômicos, sociais, culturais e ambientais.

Nesse sentido, tem-se que o Estado de Direito Ambiental é um instituto marcado por abstratividade e de grande abrangência, vez que, além de estar inserido numa análise jurídica, tem incidência necessária nos âmbitos social e político. Entretanto, tais características não devem significar a inexistência de importância nesta discussão, mas, pelo contrário, "a definição dos pressupostos de um Estado de Direito do Ambiente serve como 'meta' ou 'parâmetro' a ser atingido, trazendo a tona uma série de discussões que otimizam processos de realização de aproximação do Estado ficto" (LEITE; FERREIRA, 2009, p. 437) à realidade, daí a sua importância para a concretização do ideal de sustentabilidade.

Portanto, Canotilho (2004, p. 3), ao denominar este modelo de Estado Constitucional Ecológico, conceitua-o afirmando que, além de ser e dever ser um Estado de Direito democrático e social, deve também ser um Estado regido por princípios ecológicos e estabelecedor de novos paradigmas orientadores sociais. Portanto, para a instituição deste novo Estado é preciso que haja uma transformação não só dos modos de produção, mas, acima de tudo, da relação paradigmática com a natureza (LEITE; AYALA, 2003, p. 185).

No que concerne à edificação do Estado de Direito Ambiental, ou Estado Constitucional Ecológico, Canotilho (2004, p. 08-13) identifica alguns pressupostos essenciais para este processo, como: i) a adoção de uma concepção integrada do meio ambiente, que aponta para a necessidade de uma proteção global e sistêmica que não se reduza à defesa isolada dos componentes ambientais; ii) a institucionalização dos deveres fundamentais ambientais, que, após a euforia em torno da subjetivação do direito ao ambiente, surge em decorrência da exigência da participação ativa do cidadão na defesa e proteção do meio ambiente, evidenciando-se que esta não deve ser uma tarefa apenas estatal; e iii) o agir integrativo da administração, que abre aos cidadãos à participação nos procedimentos e processos ambientalmente relevantes, por meio de consultas públicas e da democratização da informação.

Assim, considerando-se que são as disposições constitucionais que exprimem os valores e postulados básicos de uma sociedade complexa, como as atuais, conclui-se que a construção do Estado de Direito Ambiental passa, necessariamente, pela promulgação de uma Constituição ecológica (FERREIRA, 2010, p. 165). Ademais, tem-se que o *status* que uma Constituição confere ao ambiente pode denotar ou não maior proximidade do Estado em relação à realidade propugnada pelo conceito de Estado de Direito Ambiental, haja vista que o aspecto jurídico é de fundamental importância para a configuração e para a solidificação de estruturas efetivas, no âmbito do Estado e da sociedade, que visem à proteção do ambiente e de seus elementos (LEITE; FERREIRA, 2009, p. 439).

Feitas tais considerações, tem-se que, ao conceder valor intrínseco à natureza (isso resta mais explícito no inciso VII do §1º do art. 225, quando proíbe a submissão dos animais à crueldade), o legislador constituinte de 1988 adotou um novo paradigma axiológico fundamentador da relação homem-natureza, dando início à efetiva construção do Estado de Direito Ambiental.

Em outro viés, Ferreira (2010, p. 167-168) aponta que ao versar deliberadamente sobre o meio ambiente em capítulo específico dedicado ao tema, a Lei Maior de 1988 inseriu no direito fundamental ao meio ambiente ecologicamente equilibrado (*caput* do art. 225) – direito de terceira dimensão – os pressupostos mencionados por Canotilho para a instituição do Estado Constitucional Ecológico, como a concepção integrada do meio ambiente, o dever fundamental de proteção ambiental e o agir integrativo da administração. Portanto, percebe-se que a CF/88 acabou por formalizar a aproximação jurídica entre o Estado de Direito brasileiro e a abordagem ambiental pretendida pelo Estado de Direito Ambiental, fato que demonstra a instituição deste novo Estado no âmbito nacional, o que não significa, entretanto, a sua efetivação no mundo fático, que deverá ser buscada por meio de ações estatais e sociais.

Para Benjamin (2010, p. 106), a Constituição Federal de 1988 obteve o êxito de internalizar a problemática ambiental no âmbito jurídico nacional, saltando da miserabilidade ecológico-constitucional, própria das Constituições liberais anteriores, para o que chamou de opulência ecológico-constitucional, de forma que o art. 225 é apenas a face mais visível de um regime constitucional que, em vários pontos, dedica-se, direta ou indiretamente, à gestão adequada dos recursos ambientais.

Feitos estes esclarecimentos, restou compreendida a forma como o Direito se ecologizou, isto é, pela criação de uma nova dimensão de direitos e pela inauguração do Estado de Direito Ambiental, ambos amparados e, ao mesmo tempo, sustentadores do Direito Ambiental, de forma que se buscará, em seguida, analisar um pouco mais detidamente como a noção de sustentabilidade foi internalizada nesta área do conhecimento.

3.3.1.1. A juridicização da noção de sustentabilidade

Como visto, o conceito de desenvolvimento sustentável, nos termos em que definido pelos documentos internacionais, tendo o ambiente, a economia e a sociedade como três pilares de sustentação, é extremamente aberto e impreciso, pois busca aliar categorias distintas em um único sentido. Observou-se, ademais, que já há construções teóricas nas ciências econômicas para superar este conceito de desenvolvimento sustentável, no intuito de alcançar-se uma verdadeira sustentabilidade, que não subjulgue os recursos naturais em favor da economia, como ocorre na prática atualmente.

Assim, diante desta indefinição e ineficácia na proteção do meio ambiente do conceito de desenvolvimento sustentável, também na área jurídica muitos autores vem se debruçando sobre a temática para tentar dar-lhe contornos mais claros e objetivos, também com o fulcro de utilizar este conceito efetivamente e eficazmente em favor do meio ambiente.

Nesse sentido, Leite e Caetano (2012, p. 165-167), defendem que o desenvolvimento sustentável, nos termos em que identificado no Relatório Brundtland, fundado, segundo os autores, em uma sustentabilidade fraca, aproxima-se mais de uma orientação política do que de um princípio jurídico propriamente dito, eis que a amplificada maleabilidade de seu conteúdo o torna não vinculável. Portanto, defendem que não há, em verdade, um princípio do desenvolvimento sustentável, e, caso seja ele considerado como um princípio, precisaria estar pautado na ideia de uma verdadeira sustentabilidade, em um sentido forte e, assim, não fugiria aos conteúdos e premissas dos princípios da precaução e da equidade intergeracional (ou solidariedade intergeracional), ambos reitores do Estado de Direito Ambiental, capazes de conferir um conteúdo material ao desenvolvimento sustentável.

Sobre esta temática, Canotilho (2010, p. 9) reconhece a dificuldade em se delimitar o conteúdo jurídico do desenvolvimento sustentável, afirmando que, antes de tudo, deve-se distinguir a "sustentabilidade em sentido amplo" da "sustentabilidade em sentido restrito ou ecológico". A primeira delas procura captar os três pilares do desenvolvimento sustentável – ecológico, econômico e social –, sendo que no contexto internacional é institucionalizada como um quadro de direção política.

Já a sustentabilidade em sentido estrito seria a perspectiva ecológica destes três pilares abarcados pela noção *lato sensu*, a qual aponta para a proteção/manutenção a longo prazo de recursos naturais através do planejamento, economia e obrigações de condutas e de resultados. A sustentabilidade *stricto sensu*, então, traria regras mais objetivas e concretas para sua implementação em favor do meio ambiente. (CANOTILHO, 2010, p. 9). Assim, de forma mais analítica, o autor defende que esta sustentabilidade deve impor:

(1) que a taxa de consumo de recursos renováveis não pode ser maior que a sua taxa de regeneração;

(2) que os recursos não renováveis devem ser utilizados em termos de poupança ecologicamente racional, de forma que as futuras gerações possam também, futuramente, dispor destes (princípio da eficiência, princípio da substituição tecnológica, etc.);

(3) que os volumes de poluição não possam ultrapassar quantitativa e qualitativamente a capacidade de regeneração dos meios físicos e ambientais;

(4) que a medida temporal das "agressões" humanas esteja numa relação equilibrada com o processo de renovação temporal;

(5) que as ingerências "nucleares" na natureza devem primeiro evitar-se e, a título subsidiário, compensar-se e restituir-se (CANOTILHO, 2010, p. 9).

No âmbito interno/estadual, Canotilho (2010, p. 9) trata a sustentabilidade como um dos princípios estruturantes do Estado Constitucional, que, como todos os outros princípios, seria aberto, carecido de concretização conformadora e que não transportaria soluções prontas, vivendo de ponderações e de decisões problemáticas. Contudo, para guiar a ponderação na aplicação deste princípio, de forma a se propiciar um Estado de Direito Ambiental, o autor traz alguns outros princípios, como a responsabilidade de longa duração, o princípio da solidariedade entre gerações e o princípio do risco ambiental proporcional, este último englobando os princípios da proporcionalidade dos riscos, da proteção dinâmica do direito ao ambiente e da obrigatoriedade da precaução.

Apesar de toda a complexidade e dificuldade para se dar um conteúdo jurídico a este princípio, Canotilho (2010, p. 8-9) faz a delimitação do imperativo categórico que, segundo o autor, estaria na gênese do princípio da sustentabilidade, nos seguintes termos:

Os humanos devem organizar os seus comportamentos e acções de forma a não viverem: (i) à custa da natureza; (ii) à custa de outros seres humanos; (iii) à custa de outras nações; (iiii) à custa de outras gerações. Em termos mais jurídico-políticos, dir-se-á que o princípio da sustentabilidade transporta três dimensões básicas: (1) a *sustentabilidade interestatal*, impondo a equidade entre países pobres e países ricos; (2) a *sustentabilidade geracional* que aponta para a equidade entre diferentes grupos etários da mesma geração (exemplo: jovem e velho); e (3) a *sustentabilidade intergeracional* impositiva da equidade entre pessoas vivas no presente e pessoas que nascerão no futuro.

Destarte, no Brasil, Canotilho (2010, p. 8) defende que a dimensão jurídico-constitucional do princípio da sustentabilidade foi densificado pela Constituição Federal de 1988, que, em seu capítulo dedicado ao meio ambiente, consagrou o direito e o dever de defender e preservar o meio ambiente para as "presentes e futuras gerações", de preservar e reestruturar os processos ecológicos essenciais, de preservar a diversidade e a integridade do patrimônio genético, de proteger a fauna e a flora, e de promover a educação ambiental.

Nessa mesma esteira, Staczuk e Ferreira (2012, p. 103) defendem que, por meio de uma análise sistêmica do texto constitucional brasileiro, é possível afirmar que o fundamento maior do Estado de Direito Ambiental estaria contido justamente no princípio da sustentabilidade, visto como um comando normativo reitor, ou, nas palavras de Canotilho (2010, p. 9), "um 'conceito federador' que, progressivamente, vem definindo as condições e pressupostos jurídicos do contexto da evolução sustentável". Dessa forma, defendem que este princípio encontra guarida na CF/88, no disposto pelos artigos 225, *caput*; 170, *caput* e incisos, já que impõe balizas ecossocializantes à atividade econômica; e no art. 3º, que prevê a solidariedade (intrageracional, intergeracional e, até mesmo, interespécies) como elemento indispensável à construção social (STACZUK; FERREIRA, 2012, p. 105-106).

Entretanto, segundo Milaré (1998, p. 5), o princípio do desenvolvimento sustentável foi introduzido no ordenamento jurídico nacional já em 1980, com a Lei nº 6.803, a qual estabeleceu as diretrizes básicas para o zoneamento industrial nas áreas críticas de poluição. Além disso, afirma que se pode identificar tal princípio, também, na Lei da Política Nacional do Meio Ambiente, Lei nº 6.938/81, notadamente em seus artigos 2º, *caput* c/c inciso I; e 4º, inciso I. A Lei nº 12.187/09, que instituiu a Política Nacional sobre Mudança Climática, bem como a Lei nº 12.305/10, Lei da Política Nacional de Resíduos Sólidos, são outros exemplos de legislações infraconstitucional que incluíram o princípio do desenvolvimento sustentável em diversos pontos de seus textos (BRASIL, 2009a).

Assim, após destacar-se o modelo de desenvolvimento hegemônico – consumista/crescimentista –, suas estratégias de manutenção – notadamente a prática da obsolescência planejada de qualidade – e algumas de suas desastrosas consequências socioambientais nos dois primeiros capítulos desta obra, viu-se, no presente capítulo, as construções teóricas no contexto internacional, na Economia e no Direito de maior destaque que buscam criar um novo paradigma ecologizante para superar este modelo insustentável de desenvolvimento. Seguindo esta esteira, com o intuito de dar contornos mais práticos ao presente estudo, buscar-se-á, no próximo e último capítulo, verificar como a questão dos padrões de produção e consumo, bem como da durabilidade dos produtos tem sido abordada em importantes documentos internacionais e, principalmente, na legislação e jurisprudência nacionais, com o fim de se constatar quais instrumentos, utilizando-se a base teórica deste capítulo, podem ser utilizados para o enfrentamento da prática da obsolescência planejada de qualidade.

4. O paradigma da sustentabilidade como fundamento para o enfrentamento da obsolescência planejada: perspectivas jurídicas

Conforme trabalhado no primeiro capítulo, grande parte das sociedades atuais vem sendo qualificadas como "sociedades de consumo", cujo motor propulsor é, obviamente, o "consumismo", gerado pela manipulação dos padrões comportamentais dos indivíduos, para que consumam produtos cada vez mais supérfluos, em uma quantidade e velocidade cada vez maiores. E, como restou evidenciado, este tipo de sociedade, com seus valores de abundância e desperdício, não surgiu por acaso, pois, além de ser fruto de uma perspectiva antropocêntrica extremamente predatória, que afastou o homem dos ciclos naturais de recomposição e resiliência, foi forjada para suceder a sociedade de produtores, com o intuito de se manter um modelo econômico baseado na ideia de crescimento infinito.

Ademais, viu-se, no segundo capítulo, que várias estratégias foram delineadas para manutenção, estímulo, fortalecimento e propagação deste modelo, sendo a prática da obsolescência planejada, em suas três versões (de função, de qualidade e de desejabilidade), uma das mais impactantes e, paradoxalmente, imperceptíveis. Os efeitos colaterais socioambientais relatados neste mesmo capítulo, apesar de não exaurirem a totalidade das consequências negativas deste modelo, comprovam, por si sós, a insustentabilidade do paradigma crescimentista e, consequentemente, das suas fieis estratégias, como a obsolescência planejada.

Mas é claro que a crise socioambiental resultante deste processo exploratório não passou despercebida, gerando o início de um movimento de construção teórica em busca de novos paradigmas de desenvolvimento. Assim, como visto no terceiro capítulo, a noção de sustentabilidade vem sendo desenvolvida e trabalhada no contexto internacional, como linha condutora de grande parte destas propostas, apresentando-se como um novo modelo político. Contudo, não há uma simples e absoluta resposta para o que seja "sustentabilidade". Para Veiga (2010, p. 37), esta noção em muito se assemelha as ideias de "direitos humanos" e de "justiça social", as quais, segundo o autor, "tem em comum a 'maldição' do elefante: tão difícil de definir quanto fácil de ser visualmente reconhecido –, pois esforços normativos de 'conceituá-los' não conseguem superar certas dúvidas".

Esta imprecisão da definição de sustentabilidade, por um lado, mostra-se benéfica, vez que não engessa sua aplicação, nem homogeniza as diversas realidades. No entanto, por outro lado, isto tem dificultado a sua concreta aplicação, permitindo que os mais diversos setores a apropriem de forma indevida, com a vulgarização do seu significado, sendo esta a mais severa crítica que se tem feito à proposta deste novo paradigma. Entretanto, como bem destaca Veiga (2010, p. 40):

> Um valor nunca é uma noção que possa ser bem definida, mesmo que seja unânime o reconhecimento de situações concretas em que ele foi contrariado. É inútil, portanto, tentar defender uma determinada concepção de sustentabilidade contra os abusos inerentes ao processo de banalização da ideia. Ao contrário, o que mais interessa é chamar a atenção das pessoas para o fato de que, ao empregarem tal termo, estarão inevitavelmente lidando com o valor do amanhã.

Desta feita, por mais superficiais ou, até mesmo, enganosas que sejam certas apropriações desse valor, a sua difusão demonstra que já foi amplamente aceito e está legitimada a necessidade de sua implementação, o que representa mais um passo positivo rumo a um novo paradigma. Neste ponto, importa destacar que, este debate no contexto internacional (leia-se na cultura ocidental), cujo ineditismo é traduzido na proposta de uma responsabilidade de longo prazo (ou pelo amanhã), é recentíssimo – cerca de 40 anos – se comparado a outras concepções de desenvolvimento. Então, resta incontestável que a assimilação social da ideia de sustentabilidade tem sido bastante rápida e que, simultaneamente, tem estimulado o debate sobre os valores atuais e os seus possíveis sucessores (VEIGA, 2010, p. 40-41).

Em decorrência disto, observou-se, também no terceiro capítulo, que diversas áreas do conhecimento tem se esforçado para internalizar e dar contornos mais nítidos e concretos a este valor, inclusive a Economia e o Direito.

Na Economia, as formulações da vertente ambiental neoclássica, principalmente com sua nova roupagem conhecida como "economia verde",[42] vinham ganhando bastante terreno nos mais diversos setores,

---

[42] Como já enfatizado no capítulo anterior, a economia verde surge como uma reformulação da economia ambiental neoclássica, vez que, embora com novas proposições, funda-se nos mesmos ideais de crescimento infinito, otimismo tecnológico e mercantilização dos recursos naturais, por exemplo.

com o importante apoio do Banco Mundial. Isto porque, as suas proposições do que se convencionou chamar de "deslocamento",[43] apostam na reconfiguração do processo produtivo, na qual a oferta de bens e serviços tenderia a ganhar em ecoeficiência: utilizando menos recursos naturais (desmaterialização) e menos energia, sem que a economia precisasse parar de crescer (VEIGA, 2010, p. 24).

Até que, em abril de 2009, a publicação do relatório *"Prosperity without growth?"* mudou radicalmente o panorama, haja vista ter comprovado, de forma inquestionável, que, na prática, o "deslocamento" que vinha sendo fortemente defendido e utilizado pelos países industrializados não estava gerando uma diminuição do consumo de recursos naturais e de produção de resíduos sólidos, muito pelo contrário, estava estimulando, ainda mais, o consumo, agora com o rótulo de verde (VEIGA, 2010, p. 25). Sobre o assunto Abramovay (2012, p. 81) destaca que:

> O *deslocamento* entre a produção de bens e serviços e sua base material e energética ocorre a um ritmo que pode ser acelerado consideravelmente, com resultados sociais e ambientais extraordinariamente positivos. [...] Ainda assim, esse deslocamento, apesar de sua importância crucial, não é capaz de compensar os efeitos destrutivos que o aumento da oferta de bens e serviços traz para a manutenção e a regeneração dos serviços ecossistêmicos básicos. Ele não suprime a entropia, inerente à reprodução, mesmo que a ecoeficiencia seja bem mais acelerada que até aqui. O *deslocamento* entre o que se produz e a base material e energética em que repousa a produção é *apenas relativo* e tem como contrapartida uma elevação absoluta no consumo de recursos.

Dessa forma, tal relatório comprovou a insuficiência (e fraqueza) das reformulações da economia ambiental neoclássica (agora difundida como economia verde), bem como de que não há como se escapar do dilema do crescimento, este "vespeiro" que os Estados-nação se recusam a mexer. De fato, dito debate evidencia a imprescindibilidade de um rompimento com uma macroeconomia inteiramente centrada no aumento ininterrupto do consumo, ao invés de buscar-se um continuísmo pretensamente esverdeado por propostas de ecoeficiência, que, sozinhas, jamais poderão deter o aumento da pressão sobre os recursos naturais (VEIGA, 2010, p. 25-26).

Portanto, ao que tudo indica, a formulação econômica de maior notoriedade, bastante fortalecida após a publicação do relatório *Prosperity without growth?*, que mais se aproxima do ideal de sustentabilidade

---

[43] O deslocamento, também conhecido como descasamento ou desvinculação, propõe uma separação entre as noções de crescimento da produção de bens e serviços e crescimento da utilização de sua base material (recursos naturais) e energética. Ou seja, por meio de inovações tecnológicas, o ideal de deslocamento propõe o aumento da desmaterialização e da ecoeficiência no setor produtivo, para obter uma redução na exploração energética e de recursos naturais. Sobre o assunto ver a obra: Muito além da economia verde, do autor Ricardo Abramovay.

é aquela fundada em uma visão biofísica da economia. Nesse sentido, os economistas ecológicos defendem que as nações que já atingiram altíssimos níveis de desenvolvimento deveriam começar uma transição para esse modo mais avançado de prosperidade sem crescimento. E, simultaneamente, contribuir para que os países que ainda precisam atingir níveis de desenvolvimento mais avançados possam fazê-lo com estilos ambientalmente menos agressivos (VEIGA, 2010, p. 23). Destarte, uma real política econômico-ecológica, deve-se pautar nos seguintes postulados:

> a) em considerar a natureza (ou os recursos naturais) riqueza real e primária. Real e primária no sentido de que sua existência na forma natural é valor – e não apenas valor imputado. Esta riqueza aparece de duas formas, a saber, pelo estoque ou fonte de recursos e pela capacidade e habilidade da natureza para assimilar e reciclar lixo e rejeitos produzidos pela sociedade; b) em utilizar recursos naturais renováveis e não renováveis em taxas não superiores à produtividade sustentável dos sistemas naturais; c) em minimizar o uso de energia e materiais e a produção de rejeitos e de poluição; d) em considerar todo o custo ambiental inerente à extração, produção, consumo e disposição de materiais; e) em promover, em relação ao produto, pela ordem: sua duração máxima em termos físicos e tecnológicos; seu reuso (nova utilização do produto sem passar por transformação); conserto; e reciclagem de materiais usados; f) em minimizar a produção de lixo tóxico e reciclá-lo em sistemas fechados; e, finalmente, g) em priorizar a utilização de recursos locais para atender às necessidades locais (MONTIBELLER-FILHO, 2008, p. 134).

Então, resta evidente que a economia ecológica não descarta todas as proposições da economia ambiental neoclássica (ou verde), mas vai além delas. Defende, conquanto, que para se alcançar uma real sustentabilidade é necessário que se estabeleça uma macroeconomia que, além de reconhecer os sérios limites naturais à expansão das atividades econômicas, rompa com a lógica social do consumismo. Infelizmente, essas formulações ainda não angariaram adeptos o suficiente para ter um impacto concreto e significativo, como o teve a teoria keynesiana no século XX, porém já lançaram (e continuarão a lançar) boas sementes para a mudança do atual paradigma (VEIGA, 2010, p. 26).

Por outro lado, no Direito, conforme verificado no capítulo anterior, a internalização teórica do valor sustentabilidade se deu por meio da criação de uma nova dimensão de direitos fundamentais, direitos de terceira dimensão, caracterizados pela titularidade coletiva ou difusa, como os direitos dos consumidores e o direito intra e intergeracional ao meio ambiente ecologicamente equilibrado; e, associado a isto, a criação de um novo Estado de Direito – o Estado de Direito Ambiental.

Com efeito, este novo Estado de Direito fundou-se na reformulação dos seus pilares de sustentação, sendo o princípio da solidariedade um dos mais importantes. Apesar de não se confundir com a noção de sustentabilidade, não há dúvidas de que a solidariedade nela está contida, notadamente quando se fala em solidariedade intra e intergeracional, e até mesmo interespécies, o que delineia uma responsabilidade ampla, duradoura e não antropocêntrica. Assim, embora este entendimento não seja unânime na doutrina, acredita-se ser possível qualificar o valor sustentabilidade também como um princípio, quiçá o princípio-chave ou fundador do Estado de Direito Ambiental.

Seguindo este entendimento, viu-se que Canotilho (2010, p. 8-9), ao compreender o caráter principiológico da noção de sustentabilidade após sua juridicização, define seu papel como o de proteção/manutenção a longo prazo de recursos naturais através do planejamento, economia e obrigações de condutas e de resultados, que impõe, de forma resumida, a utilização de recursos naturais e a produção de resíduos dentro dos limites de recomposição e resiliência do ambiente, de forma que as futuras gerações também possam dispor destes mesmos recursos, bem como a priorização da precaução e prevenção dos danos, deixando a título subsidiário a possibilidade de compensação ecológica.

Tratando-se, então, de um princípio, Canotilho (2010, p. 8-9) alerta para a utilização dos princípios da responsabilidade de longa duração, da solidariedade entre gerações e do risco ambiental proporcional, este último englobando os princípios da proporcionalidade dos riscos, da proteção dinâmica do direito ao ambiente e da obrigatoriedade da precaução, todos contidos dentro do princípio da sustentabilidade, na ponderação de sua aplicação. Destarte, conforme visto no capítulo anterior, o autor defende que uma política-jurídica do princípio da sustentabilidade comportaria basicamente três dimensões: a interestatal, a geracional e a intergeracional.

Assim, o princípio da sustentabilidade ecológica aparece como um critério normativo para a reconstrução da ordem econômica, como uma condição para a sobrevivência humana e para um desenvolvimento durável. Ademais, problematiza as formas de conhecimento, os valores sociais e as próprias bases da produção, abrindo uma nova visão do processo civilizatório da humanidade (LEFF, 2006, p. 133-134).

Deste apanhado é possível perceber que as formulações teóricas de concretização da noção de sustentabilidade pelo Direito se aproximam bastante das proposições da economia ecológica e, analisando-se ambas, verifica-se que uma exerce influência sobre a outra, de forma que resta claro que, para se buscar novos caminhos de desenvolvimento que superem o paradigma do crescimento e do consumismo (com suas estratégias perniciosas), é necessário que se faça uma abordagem ampla, complexa e sistêmica da problemática. Nesse sentido, Leff (2006, p. 132-133) enfatiza que:

> Se a transição até a sustentabilidade se dá em uma ponte levadiça entre uma modernidade inacabada (irrealizável) e uma pós-modernidade que rompe com o mito da representação, tampouco vivemos em um puro vazio ontológico, fora de toda necessidade e de toda referência. A volta ao ser e a transição a um futuro sustentável estão tensionadas por uma diferença real: o hiperconsumismo, que, regido pela lei da demanda através da manipulação do desejo, continua remetendo ao imperativo da lucratividade e da necessidade da produção, da exploração do trabalho, da espoliação da natureza, da contaminação do ambiente e de uma pobreza que não consegue esconder seu rosto.

Portanto, no que concerne especificamente ao consumismo, mister que se ataque esta característica maléfica da atual sociedade por meio, basicamente, de duas frentes, que, embora distintas, estão intimamente relacionadas: o padrão de produção e o padrão de consumo, buscando torná-los sustentáveis, para que todos, de forma compartilhada, assumam suas responsabilidades socioambientais para com as presentes e futuras gerações. Sendo bem sucedida, a quebra de paradigma desencadeada com a alteração destes padrões evidenciará a inadequação de práticas como a da obsolescência planejada, cuja insustentabilidade é latente ante suas consequências danosas ao meio ambiente e à sociedade.

Sobre a questão do padrão de consumo, Lemos (2012, p. 30) destaca que este pode ser divido em duas espécies: padrão de entropia[44] fisiológica, resultante da interação natural do homem com o meio ambiente, e padrão de entropia patológica, relacionada com o atual estilo de vida consumista descrito no primeiro capítulo desta obra. Assim, para se ter um padrão de consumo sustentável, deve-se, sem dúvida, buscar o padrão de entropia fisiológica.

Contudo, importante destacar que "consumo sustentável" não pode ser confundido com "consumo verde". Consumo verde é aquele em que, além das variáveis preço/qualidade, inclui, na escolha da compra, a variável ambiental, de forma que, por meio dele, os consumidores, por suas ações individuais, optam por comprarem produtos que consideram menos impactantes ao meio ambiente. Em decorrência deste tipo de consumo, focado na "conscientização ecológica" e "responsabilidade" do consumidor como ator social, práticas como o

---

[44] Segundo Lemos, "a entropia representa a energia que não pode mais ser usada por nenhum elemento de um sistema; é a energia perdida, geralmente sob a forma de calor. Pode ser interpretada como uma medida do grau de desordem de um sistema". LEMOS, Patrícia Faga Iglecias. Consumo sustentável e Desmaterialização no âmbito do Direito Brasileiro. *Revista CEDOUA*, Coimbra: CEDOUA, n° 29, ano XV, 2012. p. 30.

"boicote" e a "rotulagem ambiental" foram desenvolvidas (PORTILHO, 2004, p. 4).

No entanto, segundo Portilho (2004, p. 5-6), o simples acesso a conhecimentos relacionados à questão ambiental não leva a estilos de vida e práticas ambientalmente corretas, já que outras variáveis, como o acesso aos recursos ambientais e financeiros pelas diversas classes econômicas, também influenciam nos resultados a serem obtidos.

> Além disso, a perspectiva do consumo verde deixaria de enfocar aspectos como a redução do consumo, a descartabilidade e a obsolescência planejada, enfatizando, ao contrário, a reciclagem, o uso de tecnologias limpas, a redução do desperdício e o incremento de um mercado verde (PORTILHO, p. 6).

Assim, reconhecidos os limites da estratégia do consumo verde (que como se pode perceber está intimamente ligado às proposições da economia ambiental neoclássica, agora verde), surgiram propostas que, não descartando as ações visadas por este, deram maior ênfase, contudo, a ações coletivas e mudanças políticas e institucionais, como, por exemplo, a proposta do consumo sustentável. Por essa perspectiva, o meio ambiente deixou de ser relacionado somente a uma questão de como são utilizados os recursos naturais, incluindo-se também a preocupação do quanto se utiliza destes recursos (PORTILHO, 2004, p. 7).

Nesta seara, se com o consumo verde, o consumidor aparecia como o principal agente de transformação, com a perspectiva do consumo sustentável, essa questão se torna mais complexa, pois a ideia de um consumo sustentável, apesar de não excluí-las, não se resume a mudanças comportamentais de consumidores individuais ou a mudanças de *design* em produtos e serviços de forma a torná-los "mais verdes", comportando, também, mudanças mais profundas, notadamente as práticas de redução do consumo (PORTILHO, 2004, p. 7).

Já no que concerne ao conceito de padrão de produção sustentável, o Programa das Nações Unidas para o Meio Ambiente (PNUMA) traz a seguinte definição:

> Fornecimento de serviços e produtos que atendam às necessidades básicas, proporcionando uma melhor qualidade de vida enquanto minimizam o uso dos recursos naturais e materiais tóxicos como também a produção de resíduos e a emissão de poluentes no ciclo de vida do serviço ou do produto, tendo em vista não colocar em risco as necessidades das futuras gerações.[45]

Ou seja, para que uma produção possa ser considerada como sustentável é preciso que: a) prime pela ecoeficiência, produzindo bens e serviços para satisfação das necessidades humanas com respeito aos limites socioambientais, objetivando a redução da utilização de recur-

---

[45] Disponível em: http://www.onubrasil.org.br/agencias-pnuma.php. Acesso em: 10/05/2012.

sos naturais, a diminuição da poluição e descarte de resíduos sólidos, a otimização do uso de recursos energéticos, a utilização de tecnologias limpas, a projeção de produtos duradouros e com materiais de baixo impacto ambiental; e b), acima de tudo, que respeite os ciclos produtivos, de recomposição e resiliência do meio ambiente. Enfim, é preciso que produza com respeito à dignidade humana, social e ao meio ambiente.

Portanto, verifica-se que produção e consumo devem adequar-se aos postulados da sustentabilidade. Para o consumo, isto significa que é de fundamental importância que políticas públicas de conscientização e estímulo ao consumo sustentável sejam implementadas, de forma que, para além do esverdeamento desta prática, por meio do consumo de produtos socioambientalmente responsáveis, haja uma efetiva redução do consumo de bens e serviços materiais.

Por outro lado, no que concerne à questão da produção, é certo que as práticas da desmaterialização e da ecoeficiência não podem ser desprezadas e, muito menos, descartadas, vez que de fato implicam a redução da utilização de recursos naturais, de fontes energéticas e de geração de resíduos na produção de cada bem ou serviço. No entanto, tais práticas, quando isoladas, mostram-se insuficientes para se superar o atual modelo de desenvolvimento (insustentável), na medida em que não inibem o consumismo, nem as práticas desenvolvidas para mantê-lo e propagá-lo, como a obsolescência planejada.

Seguindo este mesmo raciocínio, alguns autores tem desenvolvido teorias que deem conta da problemática dos padrões de produção e consumo. A título exemplificativo, tem-se as formulações sobre o "elogio à suficiência"[46] e a extensão da ideia de "desmaterialização" para além das proposições da economia verde (deslocamento). Para tanto se propõe a divisão do conceito de desmaterialização em duas vertentes distintas e complementares, uma de natureza objetiva e outra subjetiva. A primeira refere-se à redução, ou mesmo eliminação da matéria para satisfação das necessidades humanas, enquanto que a segunda, aprofundando a temática, "diz respeito à valorização do bem-estar não

---

[46] Não há um conceito fixo e acabado para esta proposta, contudo, ele pode ser densificado como um dever fundamental de suficiência traduzindo-se, por um lado, na limitação das liberdades individuais, e, por outro, na convocação de uma atuação ativa dos cidadãos, ambos no sentido de respeitar os limites ecológicos do planeta, com vistas à construção de estilos de vida saudáveis e equilibrados, embasados em fortes laços e interesses comunitários e caracterizados pela satisfação pessoa e pela confiança no futuro. Nesse sentido, percebe-se claramente a aproximação deste conceito com as proposições dos novos caminhados tomados pela teoria da sustentabilidade (vide item 3.1 do terceiro capítulo). NICOLAU, Mariana. O elogio da suficiência: transformando padrões de consumo à luz da desmaterialização. In: *Revista CEDOUA*, nº 29, Ano XV. Coimbra: FDUC, 2012. p. 99.

material, da busca e concretização de valores e prazeres não pecuniários, fundados na cidadania, no afeto e nas relações familiares e comunitárias" (NICOLAU, 2012, p. 93-94).

Feitas estas considerações, importa, neste ponto, destacar que não se pretende, no presente trabalho, ingressar na complexa e difícil questão do antigo embate entre os modelos capitalista e socialista. Com efeito, é sabido que ambos os modelos, na prática, mostraram-se perniciosos ao equilíbrio ecológico por seus paradigmas de desenvolvimento. E, muito embora a estratégia da obsolescência planejada tenha sido criada e praticada em países capitalistas, isto, sem dúvida, não faz do socialismo um modelo mais ecológico.

O certo é que ainda não se tem uma resposta pronta e acabada sobre qual o melhor padrão social-político-econômico que solucionará todos os problemas da humanidade, o que se tem é a certeza de que o atual paradigma hegemônico não permitirá que os seres humanos permaneçam por muito mais tempo neste planeta. Contudo, a inexistência de uma construção teórica e prática segura e unânime que guie as atuais sociedades para um novo paradigma de desenvolvimento, não pode mantê-las paralisadas, a espera de uma profecia divina salvadora. Como bem expressou o poeta sevilhano António Machado (1974, p. 146) em seu poema *"Proverbios y cantares"*, não há um caminho pronto, o caminho se faz ao caminhar,[47] e é exatamente isto que precisa ser feito, precisa-se caminhar em busca de novos padrões, novos modelos, novos significados, para, então, construir-se novos caminhos, novos paradigmas.

Nesse sentido, a contraposição entre os que advogam em favor de uma reforma e os defensores de uma revolução para solucionar esta crise de insustentabilidade pela qual passa a humanidade mostra-se inócua. Isto porque, como bem pontua Veiga (2010, p. 38), qualquer profunda transformação do modelo dominante de civilização jamais será obtida sem muita inovação, adaptação e reforma. "Por isso, não se trata de um dilema do tipo 'reforma ou revolução', mas de uma agenda reformista que, se levada à prática, obrigatoriamente vai engendrar uma revolução".

Talvez a solução para a atual crise civilizacional não seja a opção por uma única corrente teórica, excluindo-se as demais. Pode ser que, ao contrário, a construção desse novo caminho esteja na união dos pontos mais fortes de cada vertente, ou seja, em um "pluralismo teórico" (VEIGA, 2010, p. 45). A este respeito, as construções teóricas feitas para se buscar novos padrões de produção e consumo espelham este enten-

---

[47] Referência ao trecho do poema: "(...) *caminante, no hay camino, se hace camino al andar* (...)".

dimento, pois, como um verdadeiro mosaico epistemológico, trazem em seu bojo práticas reformistas (consumo verde e ecoeficiência, por exemplo) aliadas a propostas revolucionárias (redução do consumo, dever de suficiência, etc.), onde o velho e novo se fundem em busca da sustentabilidade.

Porém, até que se delineie por completo essa "reforma revolucionária" ou "revolução reformista" de paradigma, é urgente a necessidade de que ações concretas sejam tomadas contra todas as práticas (e a favor da vida) que se mostrarem insustentáveis do ponto de vista socioambiental (e mesmo econômico a longo prazo). Corroborando este entendimento, Leff (2010, p. 93) defende que não se pode apenas ficar na abstração teórica do possível, deve-se construir estratégias políticas, epistêmicas e, acrescentar-se-ia, jurídicas, que possam abrir as vias de acesso para a sustentabilidade.

É com esse objetivo, então, que os próximos itens deste capítulo trarão o posicionamento de alguns documentos internacionais importantes sobre a questão dos atuais padrões de produção e consumo, bem como da durabilidade dos produtos, e alguns instrumentos legais nacionais que poderão, partindo-se da base teórica do paradigma da sustentabilidade, mitigar, especificamente, a estratégia da obsolescência planejada de qualidade, aqui tomada como uma prática completamente insustentável e desrespeitosa para com o consumidor e, principalmente, com as bases ecológicas de vida.

4.1. Da Rio92 à Rio+20: a questão dos padrões de produção e consumo

Conforme visto no terceiro capítulo desta obra, o ideal de tornar o atual paradigma de desenvolvimento hegemônico sustentável se fortaleceu com a publicação do Relatório Brundtland, entretanto, foi na Conferência das Nações Unidas sobre o Meio Ambiente e Desenvolvimento – Rio92 –, que se deu institucionalidade e legitimidade às políticas deste novo modelo, notadamente por meio da "Agenda 21", um programa global elaborado e aprovado por todos os países membros.

Este documento, apesar de não ter força vinculante, possui relevante valor político e se caracteriza como uma verdadeira declaração de intenções de amplitude mundial. É um documento extenso, composto por quatro seções, quarenta capítulos, cento e quinze programas e cerca de duas mil ações a serem postas em prática. Ademais, por meio da Agenda 21, foram desenvolvidos programas de ação para serem internalizados nos diversos países participantes, visando a solucionar os problemas ambientais (ONU, 1992a).

Nesse sentido, ante a complexidade e ampla abrangência da problemática da produção e consumo destrutivos característicos da economia crescimentista da sociedade de consumo, a Agenda 21, na mesma esteira do princípio 8 da Declaração do Rio para o Meio Ambiente e Desenvolvimento (ONU, 1992b),[48] foi um marco no contexto internacional, ao tratar desta temática em diversos pontos ao longo do documento (item 4.2), em especial nos capítulos que tratam de energia, transportes e resíduos, bem como aos dedicados aos instrumentos econômicos, à transferência de tecnologia e à dinâmica e sustentabilidade demográfica (ONU, 1992a, p. 24).

No entanto, ainda sim, a Agenda 21 reservou o capítulo 4 exclusivamente para a análise desta questão, reconhecendo (item 4.3) que os padrões insustentáveis de consumo e produção são as principais causas da deterioração ininterrupta do meio ambiente mundial, especialmente nos países industrializados, provocando, por consequência, o agravamento da pobreza e dos desequilíbrios socioambientais (ONU, 1992a, p. 24).

Assim, o capítulo 4 da Agenda 21 foi dividido em duas áreas de programas (item 4.1), a primeira destinada ao exame e compreensão dos padrões insustentáveis de produção e consumo, e a segunda ao desenvolvimento de políticas e estratégias nacionais de estímulo a mudanças desses padrões (ONU, 1992a, p. 24). Ou seja, o documento propõe que, inicialmente, se compreendam todas as nuances do modo de vida da sociedade de consumo, para que, então, políticas e estratégias eficazes possam ser desenvolvidas para a modificação desses padrões destrutivos.

Para a primeira área de programa (item 4.5), o documento partiu do pressuposto de que, embora em determinadas partes do mundo os padrões de consumo sejam muito altos, as necessidades básicas de elevado número de consumidores, principalmente nos países do sul, não estão sendo atendidas. Então, enquanto nos segmentos mais ricos do planeta há uma demanda excessiva e estilos de vida insustentáveis, que exercem imensas pressões sobre o meio ambiente, nos mais pobres não estão sendo atendidas as necessidades mais básicas, como alimentação, saúde, moradia e educação (ONU, 1992a, p. 24), exatamente como visto no segundo capítulo da presente obra.

---

[48] Princípio 8: Para alcançar o desenvolvimento sustentável e uma qualidade de vida superior para todos os povos, as nações deveriam reduzir e eliminar os padrões de produção e consumo insustentáveis e promover políticas demográficas apropriadas.

Portanto, a Agenda 21 considera que a mudança dos padrões de produção e consumo deve ser multifacetada, centrada no atendimento das demandas básicas dos mais pobres, bem como na redução do desperdício dos mais ricos, dedicando especial atenção à demanda de recursos naturais gerada pelo consumo insustentável, bem como ao uso eficiente desses recursos, com o objetivo de reduzir ao mínimo o seu esgotamento e a poluição (ONU, 1992a, p. 24).

Dessa forma, com o intuito de reverter este quadro, a Agenda 21 elegeu dois objetivos amplos (item 4.7): i) promover padrões de consumo e produção que reduzam as pressões ambientais e atendam às necessidades básicas da humanidade; e ii) desenvolver uma melhor compreensão do papel do consumo e da forma de se implementar padrões de consumo mais sustentáveis (ONU, 1992a, p. 25). Para cumprir tais objetivos, o documento elenca algumas atividades a serem realizadas pelos países participantes.

Dentre as atividades relacionadas a gerenciamento, está a adoção de uma abordagem internacional para obtenção de padrões de produção e consumo sustentáveis (item 4.8). Para tanto, a Agenda 21 dispõe que os países devem empenhar-se na promoção destes padrões sustentáveis; os desenvolvidos assumindo a liderança na sua obtenção; e os em desenvolvimento, buscando-os, garantindo, conquanto, o atendimento das necessidades básicas dos mais pobres, contando com o apoio tecnológico e de outras formas de assistência por parte dos países industrializados (ONU, 1992a, p. 25).

Já quanto às atividades atinentes à obtenção de dados e informações, destaca-se a sugestão que o documento faz de que se desenvolvam novos conceitos de crescimento econômico sustentável e prosperidade (item 4.11), capazes de permitir a melhoria nos níveis de vida por meio de modificações nos estilos de vida que sejam menos dependentes dos recursos finitos da Terra e mais harmônicos com sua capacidade produtiva (ONU, 1992a, p. 25). Tal atividade evidencia que a Agenda 21, apesar de levantar o questionamento sobre práticas insustentáveis e apresentar propostas válidas, tem seu discurso ainda pautado na ideia de crescimento econômico.

No que se refere à segunda área de programa do Capítulo 4 da Agenda 21, isto é, a de desenvolvimento de políticas e estratégias nacionais para estimular mudanças nos padrões insustentáveis de produção e consumo (item 4.15), o documento, voltado para a ação, partiu do pressuposto de que, para se atingirem os objetivos de qualidade ambiental e desenvolvimento sustentável, será necessária a obtenção de eficiência na produção e mudanças nos padrões de consumo, dando-se prioridade ao uso ótimo dos recursos e à redução do desperdício ao mínimo (ONU, 1992a, p. 26). Note-se que o documento não consigna expressamente a redução do consumo, mas apenas do desperdício.

Para esta área de programa, o documento elencou os seguintes objetivos amplos (item 4.17): i) promover a eficiência dos processos de produção e reduzir o consumo perdulário no processo de crescimento econômico, levando em conta as necessidades de desenvolvimento nos países em desenvolvimento; ii) desenvolver uma estrutura política interna que estimule a adoção de padrões de produção e consumo mais sustentáveis; e iii) reforçar, de um lado, valores que estimulem padrões de produção e consumo sustentáveis; de outro, políticas que estimulem a transferência de tecnologias ambientalmente saudáveis para os países em desenvolvimento (ONU, 1992a, p. 26).

Como atividades necessárias para alcançar tais objetivos, a Agenda 21 propõe (itens 4.18 ao 4.26): a) o estímulo a uma maior eficiência no uso da energia e dos recursos; (b) a redução ao mínimo da geração de resíduos; c) o auxílio a indivíduos e famílias na tomada de decisões ambientalmente saudáveis de compra; d) o exercício da liderança por meio das aquisições de produtos que atendam a estes padrões pelos Governos; e) o desenvolvimento de uma política de preços ambientalmente saudáveis; e f) o reforço dos valores que apoiem o consumo sustentável (ONU, 1992a, p. 26-28).

Sobre a atividade "c" (item 4.20), o documento ressalva que o recente surgimento de um público consumidor mais consciente do ponto de vista ecológico, associado a um maior interesse por parte de algumas indústrias em fornecer bens de consumo mais saudáveis ambientalmente, constitui acontecimento significativo que deve, portanto, ser estimulado. Assim, o Poder Público e as organizações internacionais, juntamente com o setor privado, a fim de auxiliar na tomada de decisão dos consumidores, devem desenvolver critérios e metodologias de avaliação dos impactos sobre o meio ambiente e das exigências de recursos durante a totalidade dos processos e ao longo de todo o ciclo de vida dos produtos. Os resultados destas avaliações devem ser transformados em indicadores claros para informação dos consumidores (ONU, 1992a, p. 27). Neste ponto, percebe-se que a Agenda 21 prioriza a conscientização do consumo e não a sua redução, demonstrando, novamente, estar pautada na lógica do "consumo verde" (mesmo que erroneamente utilize a terminologia "consumo sustentável") e, portanto, do crescimento econômico.

Destaca-se, ainda, o disposto no Capítulo 30 da Agenda (Fortalecimento do papel do Comércio e da Indústria), itens 30.1 e 30.2, os quais orientam que o comércio e a indústria devem participar ativamente da implementação e avaliação das atividades da Agenda 21, desempenhando um papel importante na redução do impacto sobre o uso dos recursos e o ambiente por meio de processos de produção mais eficientes, estratégias preventivas, tecnologias e procedimentos mais limpos de produção ao longo do ciclo de vida dos produtos, minimizando ou evitando os resíduos. Aqui o documento traz expressamente a necessidade de modificação do padrão de produção, para torná-lo mais ecoeficiente, bem como a premência de se debruçar sobre a análise do ciclo de vida dos produtos, no qual a durabilidade do bem de consumo está incluída (ONU, 1992a, p. 319).

Diante do exposto, verifica-se que a Agenda 21 constitui um verdadeiro plano de ação para implementação a médio e longo prazo do desenvolvimento sustentável, delineando diversas diretrizes a serem seguidas, dentre as quais a necessidade de alteração dos atuais padrões de produção e consumo das sociedades consumistas, envidando o gerenciamento do sistema produtivo, bem como o manejo do ciclo de vida dos produtos, no qual se insere a questão da durabilidade destes.

Nesse sentido, é certo que as orientações postas pela Agenda 21 no que concerne aos modos de produção e consumo hegemônicos serviram de estímulo para que se passasse a analisar o ciclo de vida completo dos produtos (do berço ao berço),[49] da extração da matéria-prima até a destinação final do bem de consumo após o seu uso, com seu reaproveitamento, reciclagem ou correto descarte (SODRÉ, 1999, p. 30).

Como consequência, o debate sobre a necessidade de se ampliar a durabilidade dos produtos para obtenção de padrões de produção e consumo mais sustentáveis ganhou força, pois ao se produzir e se estimular um período de vida útil mais extenso aos bens de consumo, estar-se-á poupando recursos naturais e diminuindo a poluição emitida na produção, distribuição e descarte dos mesmos. Estar-se-á contribuindo, conquanto, para a própria diminuição do consumo exacerbado proposto pela sociedade de consumo. Nessa esteira, Milaré (2005, p. 61) defende que "um bem ou um recurso é sustentável na medida em que pode – ou deve – durar para atender às necessidades dos ecossis-

---

[49] A análise do ciclo de vida dos produtos, outrora feita de forma linear (do berço ao túmulo) não considerava a possibilidade do bem de consumo ser reaproveitado, reutilizado ou reciclado, de forma que foi sendo substituída por uma análise cíclica (do berço ao berço), mais coerente com os ciclos produtivos naturais, principalmente após a formulação da Agenda 21. Sobre o assunto ver a obra *"Cradle to cradle: re-making the way we make things"*, dos autores Michael Braungart e William McDonough.

temas naturais e às demandas dos ecossistemas sociais (em particular nos processos de produção e consumo)".

Posteriormente, em razão dos questionamentos acerca dos padrões de produção e consumo levantados pela Agenda 21, a Comissão de Desenvolvimento Sustentável da ONU recomendou que as diretrizes para a proteção do consumidor fossem ampliadas, para incorporar esta temática. O resultado foi a publicação, em 1999, pelo Departamento de assuntos econômicos e sociais da ONU, da emenda às Diretrizes de Proteção ao Consumidor das Nações Unidas, cujo um dos objetivos é a promoção do consumo sustentável (ONU, 2003, p. 2).

Ocorre que, como visto no terceiro capítulo deste trabalho, cinco anos após a Rio92, na Rio+5, foi constatado que a Agenda 21, não obstante sua importância, não saíra do papel, pelo contrário, os problemas socioambientais ali trabalhados apenas haviam se intensificado em muitos lugares. Além disso, transcorridos dez anos da Rio92, a ONU elaborou um relatório, divulgado às vésperas da Cúpula Mundial sobre Desenvolvimento Sustentável (Rio+10), que demonstrou por meio de dados concretos que pouco se avançara após a elaboração da Agenda 21 (MILARÉ, 2005, p. 80).

Da Rio+10, realizada em Joanesburgo em 2002, resultaram dois documentos, a "Declaração Política" e o "Plano de Implementação", o primeiro para admitir que os objetivos traçados pela Rio92 não haviam sido cumpridos, e o segundo com metas para se alcançar o desenvolvimento sustentável (LEFF, 2006, p. 138), divididas, basicamente, em três objetivos: a erradicação da pobreza, a proteção dos recursos naturais e a mudança nos padrões insustentáveis de produção e consumo, ratificando, assim, a importância desta problemática (ONU, 2002a, p. 2).[50]

Nesse sentido, o Plano de Implementação de Joanesburgo (JPOI em inglês), no capítulo III, propôs o incentivo e a promoção de um programa de 10 anos, para apoiar as iniciativas regionais e nacionais de aceleração do processo de alteração dos padrões de produção e consumo, com o objetivo de fomentar o desenvolvimento econômico e social, dentro da capacidade de sustentabilidade dos ecossistemas (ONU, 2002b, p. 6).

Ocorre que, todas as medidas contidas no Plano de Implementação para tornar os padrões de produção e consumo sustentáveis,

---

[50] Os países participantes da Rio+10, no ponto 11 da Declaração de Joanesburgo sobre o Desenvolvimento Sustentável, fizeram a seguinte acertiva: "Reconhecemos que a erradicação da pobreza, a mudança dos padrões de consumo e produção e a proteção e manejo da base de recursos naturais para o desenvolvimento econômico e social são os principais objetivos e os requisitos essenciais do desenvolvimento sustentável".

fundam-se nas propostas da economia verde, isto é, com foco na adoção de tecnologias limpas, ecoeficiência, utilização de fontes de energia renováveis, desmaterialização da produção e na busca pela internalização dos custos ambientais por meio de instrumentos econômicos (ONU, 2002b, p. 6-12). Há, entretanto, dois pontos do plano que merecem destaque.

O primeiro deles, contido no item 21, dispõe sobre a necessidade de serem desenvolvidos sistemas de gestão de resíduos, com a priorização da prevenção e redução dos mesmos, bem como pelo incentivo da produção de bens de consumo reutilizáveis e biodegradáveis (ONU, 2002b, p. 11-12). Este dispositivo, embora não esteja explícito, se levado a efeito, induz ao ideal de redução do consumo, pois, como mencionado no início deste capítulo, a prevenção de geração de resíduos só pode ser alcançada por este meio.

Ademais, importante sublinhar o item 17 do JPOI que indica a necessidade de se aumentar a responsabilidade ambiental e social das empresas, incentivando-as a buscar um melhor desempenho, por meio de iniciativas que incluam sistemas de gestão ambiental, códigos de conduta, certificação, relatórios de resultado, análise do ciclo de vida dos produtos, dentre outros, levando em consideração iniciativas como a da *International Organization for Standardization* – ISO[51] – (ONU, 2002b, p. 7).

A ISO é uma organização não governamental, que foi criada em 1946 como uma confederação internacional de órgãos nacionais de normalização e tem a Associação Brasileira de Normas Técnicas (ABNT) como um de seus membros fundadores. O objetivo da ISO é publicar documentos que estabeleçam práticas internacionalmente aceitas, que prezem por uma padronização na produção de bens e serviços. Esses documentos são geralmente Normas Internacionais, que estabelecem regras padronizadoras a serem seguidas. Contudo, para terem vinculação no contexto nacional, devem ser ratificadas como normas nacionais nos países membros da ISO (LEMOS). No Brasil, esse procedimento se dá por meio da ABNT, que é uma entidade privada, sem fins lucrativos, reconhecida como único Foro Nacional de Normalização atra-

---

[51] A organização é geralmente chamada apenas de "ISO", que não é o acrônimo de "International Organization for Standardization", que seria IOS. Na realidade, o nome ISO se originou da palavra grega ἴσος (isos), que significa igualdade. Assim, evita-se que a organização possua vários acrônimos em diferentes idiomas, já que em inglês, o acrônimo seria IOS (*International Organization for Standardization*) e em francês seria OIN (*Organisation internationale de normalisation*), por exemplo. Com isso, a escolha do nome "ISO" reflete o objetivo da organização, que é a padronização entre diversas culturas.

vés da Resolução nº 07 do CONMETRO, de 24/08/1992 (CONMETRO, 1992).[52]

De todas as famílias de normas ISO, não negando a importância da ISO 9000, que já vem adequando a questão da gestão da qualidade de produtos e serviços à problemática ambiental, duas outras séries merecem, porém, especial atenção na presente obra: a ISO 14000 e a ISO 26000.[53]

Sobre a primeira delas, tem-se que após a Rio92, em março de 1993, a ISO criou um comitê específico para tratar das questões de gestão ambiental, o Comitê Técnico de Gestão Ambiental (ISO/TC207), para desenvolver uma série de normas internacionais sobre esta temática, que resultou na publicação da ISO 14000. Atualmente, o TC207 possui cinco subcomitês, cada um responsável por elaborar normas em uma área específica, quais sejam: i) SC 01, Sistemas de Gestão Ambiental; ii) SC 02, Auditorias Ambientais; iii) SC 03, Rotulagem Ambiental; iv) SC 04, Avaliação de Desempenho Ambiental; e v) SC 05, Avaliação de Ciclo de Vida. Além desses subcomitês, o TC207 conta hoje com dois grupos de trabalho (WGs) que lidam com comunicações ambientais e mudanças climáticas (LEMOS).

Destarte, tem-se que a família de normas ISO 14000 visa a resguardar, sob o enfoque ambiental, não apenas os produtos, mas, também, o processo produtivo. E, apesar de não serem normas vinculativas (ou obrigatórias), a seriedade e rigidez científica com que são elaboradas torna-as referência técnica para a aplicação da legislação atinente à matéria (MILARÉ, 2005, p. 72).[54] Assim, dentre todas as normas da série

---

[52] A ABNT é uma associação civil sem fins lucrativos, fundada em 28 de setembro de 1940 e considerada de utilidade pública pela Lei 4.150/62. No ano de 1992, recebeu do Governo Federal, por meio da Resolução nº 7 do CONMETRO (Conselho Nacional de Metrologia, Normalização e Qualidade Industrial), o título de Foro Nacional de Normalização e a função de representar o Brasil perante os organismos internacionais de normalização, como a ISO. Como Foro Nacional de Normalização, a ABNT é responsável pela gestão do processo de elaboração de normas brasileiras. Sendo, portanto, um organismo que desenvolve normas técnicas voluntárias, isto é, podem servir de embasamento técnico para a aplicação da norma legal, porém, por si sós, não vinculam. ABNT. *Da proteção da marca e das normas da ABNT.* Disponível em: http://www.abnt.org.br/IMAGENS/protecao_marca_das_normas_abnt.pdf. Acesso em: 20/02/2013.

[53] Importante sublinhar que a ISO possui outras importantes normas que abarcam as questões ambientais e podem eventualmente ser aplicadas ao tema da produção e consumo sustentáveis, como a ISO 31000, que trata sobre gestão de riscos, bem como a recentemente publicada ISO 20121, normatização para sistemas de gestão para a sustentabilidade de eventos.

[54] Neste ponto, destaca-se que não se adentrará, na presente obra, na questão das certificações decorrentes das normas ISO, buscando enfatizar, apenas, a sua importância como fundamentação técnica e teórica para a busca por novos padrões de produção e consumo. A autora tem ciência das críticas fundamentadas existentes sobre a possibilidade de empresas que não respeitam integralmente a legislação ambiental e/ou que possuem passivo ambiental receberem as certificações ISO, vez que não se trata de um processo de controle total da atividade produtiva e de seus resultados, mas de implementação de novas políticas empresariais. No entanto, não há como negar

ISO 14000, destaca-se, neste trabalho, a decorrente do Relatório Técnico ISO/TR 14062, publicado em 2002, cujo objeto é a integração de aspectos ambientais no projeto e desenvolvimento[55] dos produtos, mais conhecido como "ecodesign" (ABNT, 2004, p. 2).

Segundo este relatório, sua produção se fez necessária porque produtos e serviços provocam impactos sobre o meio ambiente, que podem acontecer durante todos os estágios dos seus ciclos de vida: extração e produção das matérias primas, transporte, energia necessária, fabricação, distribuição, uso e disposição final. Com a integração dos aspectos ambientais no projeto e desenvolvimento de produtos, vários benefícios ambientais e econômicos são alcançados: redução de custos (redução do consumo de energia, água, matérias-primas e menor geração de resíduos para serem tratados), melhor desempenho ambiental, estímulo à inovação, novas oportunidades empresariais, melhor qualidade do produto ou serviço, dentre outros (ABNT, 2004, p. V).

Destarte, para a ISO, o processo de integração dos aspectos ambientais deve ser multidisciplinar, contínuo e flexível. Deve, também, levar em consideração o ciclo de vida completo dos produtos e sua funcionalidade, isto é, como o produto se ajusta adequadamente aos propósitos para os quais ele se destina em termos de usabilidade, vida útil, aparência, dentre outros (ABNT, 2004, p. 5). Nesse sentido, o item 7.3.4 do relatório dispõe expressamente sobre a necessidade de se prolongar a vida útil dos produtos nas seguintes palavras:

> Quando se define a vida útil de um produto como parte de sua função, aumentando a sua durabilidade e prolongando os serviços associados ao produto, pode-se reduzir os impactos ambientais adversos. Este prolongamento pode também ser benéfico para alcançar um equilíbrio entre o tempo de vida técnico e sua vida útil (por exemplo, quanto tempo um produto é considerado útil antes de se tornar obsoleto ou não ser mais necessário para o usuário). Se, por exemplo, o produto tiver um tempo de vida útil relativamente curto, mas tiver sido destinado para uma vida útil técnica longa, pode resultar num impacto ambiental maior do que o necessário. O projeto de uma estética duradoura pode contribuir para o prolongamento de sua vida útil. Alguns produtos são descartados antes de estarem fisicamente gastos ou tecnicamente superados, em função dos seus projetos estarem desatualizados ou impróprios para mudanças circunstanciais. Também é necessário um equilíbrio entre o prolongamento de vida útil do produto e a aplicação dos últimos avanços tecnológicos, o que pode melhorar o desempenho

---

a importância dessas normas não vinculativas para uma mudança de paradigma econômico, vez que, mesmo que não seja como e na velocidade esperados, vem incutindo valores socioambientais nos mais diversos segmentos produtivos.

[55] A ISO esclarece que por desenvolvimento do produto deve-se entender o processo de elaboração de uma ideia, desde o planejamento até o lançamento comercial e análise crítica do produto, no qual estratégias do negócio, considerações de marketing, métodos de pesquisa e aspectos do projeto são usados para conduzir o produto até sua utilização prática. Isto inclui melhorias e modificações nos processos e produtos existentes.

ambiental durante o uso, levando-se em consideração possíveis atualizações durante o desenvolvimento do produto (ABNT, 2004, p. 11-12).

Ademais, no item 7.3.5, o ISO/TR 14062 dispõe que o desenvolvimento de um produto deve utilizar um conceito multicritério, que acrescente variáveis ambientais (redução de massa ou volume do produto, melhoria da eficiência energética, prolongamento da vida do produto) aos critérios tradicionais de projeto (desempenho, qualidade, custo, etc.) para reduzir os impactos ambientais dos produtos. Assim, entre outras abordagens, o projeto do produto deve pensar na durabilidade, isto é, na consideração da longevidade do produto, sua facilidade de reparação e manutenção, bem como em melhorias ambientais que emergem das novas tecnologias. Tais preocupações devem permear todos os estágios do projeto de um produto, quais sejam: planejamento, projeto conceitual, projeto detalhado, ensaio/protótipo, produção/lançamento no mercado e revisão do produto (ABNT, 2004, p. 12-17).

Por outro lado, no que concerne à ISO 26000, já no início do seu texto, a norma deixa expressa a necessidade de as empresas possuírem um comportamento socialmente responsável para contribuírem para o desenvolvimento sustentável, ressalvando que tal norma não tem a função de conceder certificações (como a ISO 14000, por exemplo), mas apenas de fornecer diretrizes aos setores interessados em adotarem políticas socioambientais em suas organizações. Nesse sentido, dentre os temas centrais desta norma estão: meio ambiente (prevenção da poluição, uso sustentável dos recursos, proteção do meio ambiente e da biodiversidade, etc.) e as questões relativas ao consumidor (ABNT, 2010, p. V-X).

Especificamente sobre este último tema, destaca-se duas importantes questões ao presente estudo trabalhadas no texto da ISO 26000: i) marketing justo, informações factuais e não tendenciosas e práticas contratuais justas; e ii) consumo sustentável. Isto é, a norma deixa claro que as organizações que fornecem produtos e serviços aos consumidores devem ter responsabilidades perante estes, que incluem o provimento de educação, o fornecimento de informações precisas, a utilização de *marketing* e processos contratuais justos, transparentes e úteis, a promoção do consumo sustentável, dentre outros (ABNT, 2010, p. 52-53).

No que concerne ao consumo sustentável, a ISO 26000 o define como "o consumo de produtos e recursos em taxas coerentes com o desenvolvimento sustentável" (ABNT, 2010, p. 57), o que, por decorrência lógica, remete à necessidade de redução do consumo a um patamar que respeite os limites biofísicos da Terra. De forma bastante coerente, o documento esclarece que o papel da iniciativa privada na implementação de um modelo de consumo sustentável se dá por meio dos produtos e serviços que ela fornece, seus ciclos de vida, cadeias de valor e da natureza das informações que presta aos consumidores (ABNT, 2010, p. 57).

Portanto, para que uma organização assuma sua responsabilidade socioambiental, estimulando o consumo sustentável, referida norma sugere duas ações específicas: i) a promoção da educação eficaz dos consumidores, para que possam tomar decisões de compra conscientes; e ii) o oferecimento de produtos e serviços benéficos à sociedade e ao meio ambiente, considerando todo o seu ciclo de vida (ABNT, 2010, p. 57).

Assim, com o intuito de possibilitar a diminuição do impacto socioambiental destes produtos e serviços, a ISO 26000, afirma que a empresa deverá, dentre outros, a) criar produtos que possam ser facilmente usados, reutilizados, reparados e reciclados; b) oferecer produtos de alta qualidade com ciclo de vida mais longo e preços competitivos; bem como, c) prestar informações claras, precisas e completas sobre o produto ou serviço, suas origens, os impactos causados em todo ciclo de vida, sua durabilidade e eficiência, dentre outros. (ABNT, 2010, p. 58).

Vê-se, portanto, que as normas internacionais da ISO deixam clara e de forma expressa a necessidade de se incluir no desenvolvimento dos produtos as preocupações sociais e ecológicas a fim de minimizar os impactos ambientais causados pelo processo produtivo e de consumo. E, sem dúvida alguma, a questão da extensão de vida destes produtos é ponto relevante que deve ser levado em consideração pelos diversos profissionais envolvidos neste processo, como, por exemplo, engenheiros e *designers*.

Seguindo nesta evolução da discussão da questão dos padrões de produção e consumo no contexto internacional, passados vinte anos da realização da Rio92, em 2012, a cidade do Rio de Janeiro sediou a Conferência das Nações Unidas sobre Desenvolvimento Sustentável (Rio+20), cujos resultados não foram nada animadores, notadamente no que concerne a esta temática. Isto porque, o documento final da Rio+20, denominado "O futuro que queremos", se limitou a reafirmar a necessidade de serem alterados os padrões de produção e consumo, adotando (novamente) o plano de ação de 10 anos do JPOI, anteriormente mencionado, ressaltando, contudo, que as metas ali incluídas possuíam caráter facultativo (ONU, 2012, p. 45).

Ou seja, além de não inovar em nada, o documento final da Rio+20 apenas atestou que o plano firmado em 2002, na cidade de

Joanesburgo, não saiu do papel e, para piorar, tirou-lhe a força aplicativa, qualificando-o como facultativo. Fora isso, o documento "O futuro que queremos" repetiu o mesmo erro dos documentos anteriores, ao permanecer defendendo o ideal de crescimento infinito, agora por meio de uma "economia verde" (ONU, 2012, p. 3).

Dessa forma, percebe-se que, no contexto internacional, apesar de não terem caráter vinculativo, normas foram criadas com o intuito de serem superados os atuais padrões de produção e consumo insustentáveis. Especificamente sobre a questão da durabilidade dos produtos, as normas de padronização da qualidade dos bens e serviços e dos processos produtivos elaboradas pela ISO e internalizadas no Brasil por meio da ABNT, evidenciam a necessidade de ser incluída no planejamento dos produtos a preocupação com a extensão desta durabilidade para redução dos impactos ambientais. Ademais, embora não tenham um caráter vinculativo, é certo que tais documentos e normas oferecem aos aplicadores do direito farto apoio teórico e técnico na aplicação da legislação nacional atinente à matéria.

Então, levando-se isso em consideração, buscar-se-á, no próximo item, analisar especificamente as leis criadoras do Código de Defesa do Consumidor e da Política Nacional de Resíduos Sólidos para que seja constado quais instrumentos legais nacionais já se possuem, fundados no paradigma teórico da sustentabilidade, para mitigar, especificamente, a prática da obsolescência planejada de qualidade.

4.2. Legislação e jurisprudência nacionais: alguns instrumentos jurídicos para o enfrentamento da obsolescência planejada de qualidade

Como é sabido, o sistema jurídico brasileiro é formado por uma ampla gama legislativa, de forma que, na área de direitos difusos, muitas leis foram publicadas a partir da segunda metade do século XX. No entanto, concernente à matéria da presente obra, a despeito de outras normas também poderem eventualmente servir de base legal para o enfretamento desta problemática, tem-se que duas leis específicas se mostram como bons instrumentos jurídicos para o enfrentamento da prática da obsolescência planejada, especialmente a de qualidade, se interpretadas a partir do paradigma da sustentabilidade, o que, em termos práticos, significa se aplicadas partindo-se de uma hermenêutica jurídica ambiental,[56] com fulcro nos princípios do Estado de Direito Ambiental, bem como nos ensinamentos da Economia ecológica, vistos no capítulo anterior.[57]

A primeira delas é a Lei nº 8.078 de 11 de setembro de 1990, que dispõe sobre a proteção do consumidor, mais conhecida como Código de Defesa do Consumidor. Isto porque, além dos direitos do consumidor estarem inseridos, juntamente com o direito ao meio ambiente ecologicamente equilibrado, nos direitos de terceira dimensão, não há dúvidas de que a prática da obsolescência planejada não gera apenas danos ambientais, mas, antes disso, lesa diretamente o consumidor, que adquire um produto "programado para quebrar".

Já a segunda, é a Lei nº 12.305, de 02 de agosto de 2010, a qual instituiu a Política Nacional de Resíduos Sólidos. Tal Lei, por sua contemporaneidade, trouxe em seu texto princípios, objetivos e instrumentos inovadores que, pautados no princípio da sustentabilidade, podem servir de embasamento jurídico para o enfrentamento da estratégia da obsolescência planejada de qualidade, como se verá a seguir.

4.2.1. Código de Defesa do Consumidor

No documentário "Comprar, jogar fora, comprar: a história da obsolescência planejada", a produtora Cosima Dannoritzer mostra um típico e atual caso de obsolescência planejada de qualidade que foi parar nos Tribunais dos Estados Unidos. Tudo começou pela ampla divulgação realizada pelo artista nova-iorquino Casey Neistat, por meio de grafites feitos em cartazes de divulgação do iPod espalhados pela cidade e de um vídeo postado na internet (NEISTAT), de que a bateria deste MP3 *player* era programada para funcionar, no máximo, por dezoito meses, e que a Apple não dava a possibilidade de troca da bateria, obrigando, assim, seus consumidores a comprarem um novo iPod (DANNORITZER, 2011).

Com a difusão sobre esta política da Apple e percebendo a lesão que estava sendo perpetuada aos consumidores clientes desta empresa,

---

[56] Por hermenêutica jurídica ambiental entende-se o conjunto de princípios de interpretação que objetivam a busca de soluções justas e constitucionalmente adequadas para a interpretação de normas ambientais, a partir de uma nova pré-compreensão jurídico-ambiental. Sobre o tema, ver a obra "Hermenêutica Jurídica Ambiental", da autora Germana Parente Neiva Belchior.

[57] Ressalta-se que este trabalho não tem a pretensão de exaurir o tema, mas apenas levantar alguns dispositivos legais que se mostram capazes de atuar no combate à pratica da obsolescência planejada, especialmente a de qualidade, de forma que é certo que outras legislações e, mesmo, outros dispositivos legais contidos no próprio CDC e na Lei da PNRS podem ser eficazmente aplicados a estes casos.

a advogada Elizabeth Pritzker acabou entrando, em dezembro de 2003, com uma ação coletiva no Tribunal de São Francisco contra a empresa da maçã, que já havia vendido mais de três milhões de unidades do MP3 em questão só nos Estados Unidos. A ação ficou conhecida como o caso "Westley x Apple" e durante seu deslinde restou evidenciado que o curto período de vida da bateria do iPod era, de fato, planejado já no projeto do produto. No entanto, a Apple acabou oferecendo uma proposta de acordo para substituição das baterias e aumento da garantia dos aparelhos, de forma que não houve a análise do mérito da ação por este Tribunal norte-americano, o que não lhe tirou o caráter de marco jurídico na história da obsolescência planejada (DANNORITZER, 2011).

No Brasil, a primeira ação de que se tem notícia, que consignou em seus argumentos fáticos e jurídicos, de forma específica e explícita, a problemática da obsolescência planejada, ainda está em trâmite e não pode ser acompanhada por terceiros, vez que corre em segredo de justiça, fato que demonstra claramente a importância do caso e a preocupação da empresa Ré no impacto desta lide em seus negócios comerciais. Trata-se de uma ação civil coletiva, protocolada, no dia 06 de fevereiro de 2013, pelo Instituto Brasileiro de Política e Direito da Informática (IBDI),[58] na 12ª Vara Cível de Brasília, sob o nº 2013.01.1.016885-2, contra a empresa Apple, acusando-a de prática comercial abusiva pela utilização da estratégia da obsolescência planejada. Isto porque a Apple, apenas cinco meses após lançar o iPad 3 no Brasil, lançou o iPad 4, que, embora não tenha trazido muitas inovações tecnológicas, tornou o seu antecessor obsoleto (IBDI, 2013).

Como visto no segundo capítulo desta obra, trata-se de um típico caso de obsolescência planejada de função, em sua modalidade "obsolescência adiada". E foi exatamente esta a acusação do IBDI, que afirmou em sua inicial que o iPad 3 já poderia ter sido lançado com as modificações e recursos tecnológicos presentes no modelo da 4ª geração do *tablet*, mas não o fez. Ademais, alegou que a chegada do iPad 4 não foi previamente comunicada aos consumidores que compravam o iPad 3, fazendo-os pensar que estavam adquirindo um equipamento de ponta, sem saber que esta já era uma versão obsoleta. Com base neste cenário, o IBDI requereu a condenação da Apple a trocar todos os iPads 3 comprados por brasileiros sem qualquer custo adicional. Além

---

[58] O INSTITUTO BRASILEIRO DE POLÍTICA E DIREITO DA INFORMÁTICA (IBDI) é uma associação civil sem fins lucrativos, religiosos ou partidários, que desenvolve atividades dirigidas ao ensino, a pesquisa científica, ao desenvolvimento tecnológico, a proteção e preservação do meio ambiente, a cultura e a saúde. Disponível em: http://www.ibdi.org.br/site/objetivos.php. Acesso em: 05/03/2013.

disso, o Instituto autor pleiteou dois diferentes tipos de indenização pela prática abusiva e enganosa da obsolescência planejada: uma pelo dano individual causado a cada consumidor que adquiriu o iPad 3, no valor de 50% do valor do *tablet*; e outra pelo dano coletivo, no valor médio de 30% sobre cada unidade do iPad 3 vendida no país.[59]

No entanto, fazendo-se uma breve pesquisa nas decisões jurisprudenciais brasileiras, é possível constatar que, embora este ainda seja um tema iminente, já vem sendo abordado em casos que tratam de vícios de qualidade dos produtos duráveis, com base nas normas de proteção aos consumidores. Neste sentido, tem-se a recente decisão do Superior Tribunal de Justiça (STJ), publicada em 20 de novembro de 2012, no Recurso Especial nº 984.106 – SC, cujo Relator Ministro Luis Felipe Salomão, mantendo seu voto dentro dos limites da causa de pedir e do pedido, aproveitou, entretanto, o ensejo para dar verdadeira aula sobre a prática da obsolescência planejada (chamando-a de obsolescência programada).[60]

A decisão se refere à ação de cobrança, ajuizada por vendedor de máquina agrícola, para pleitear os custos com o reparo do produto vendido. O Tribunal *a quo* manteve a sentença de improcedência do pedido deduzido na inicial, porquanto reconheceu sua responsabilidade pelo vício que inquinava o produto adquirido pelo consumidor. O STJ, seguindo esta mesma linha, negou provimento ao recurso interposto pelo vendedor, alegando que, tratando-se de vício intrínseco ao produto, isto é, aquele relativo ao projeto, cálculo estrutural, resistência dos materiais utilizados no produto, etc., que só se torna manifesto depois de determinado tempo de correto uso, o fornecedor (fabricante, exportador, vendedor, etc.) é sim responsável pela reparação do dano ao consumidor, mesmo que já tenha expirado o prazo da garantia contratual, nos termos do § 3º do art. 26 do CDC (BRASIL, 2012a).

Ademais, o Ministro Relator aduziu que, independentemente do prazo contratual de garantia, a venda de um bem tido por durável com vida útil inferior àquela que legitimamente se esperava, além de configurar um defeito de adequação, previsto no art. 18 do CDC, evidencia uma quebra da boa-fé objetiva, que deve nortear as relações contratuais, sejam de consumo, sejam de direito comum. Constitui, em outras palavras, descumprimento do dever de informação e a não realização do próprio objeto do contrato, que era a compra de um bem cujo ciclo

---

[59] Disponível em: http://tjdf19.tjdft.jus.br/cgi-bin/tjcgi1?NXTPGM=tjhtml105&SELECAO=1& ORIGEM=INTER&CIRCUN=1&CDNUPROC=20130110168852. Acesso em: 23/07/2014.

[60] Disponível em: https://ww2.stj.jus.br/processo/revista/documento/mediado/?componente =ITA&sequencial=1182088&num_registro=200702079153&data=20121120&formato=PDF. Acesso em: 23/07/2014.

vital se esperava, de forma legítima e razoável, fosse mais longo (BRASIL, 2012a).

Com efeito, no texto da decisão, referido Acórdão, seguindo a mesma esteira do exposto no segundo capítulo deste estudo, definiu o que chamou de "obsolescência programada" como "a redução artificial da durabilidade de produtos ou do ciclo de vida de seus componentes, para que seja forjada a recompra prematura", praticada atualmente, mais do que nunca, em razão de uma sociedade massificada e consumista. Neste sentido, como demonstrado no primeiro capítulo da presente obra, o julgado dispôs que, tendo em vista que o número total de vendas de um produto deve cair na proporção inversa do aumento da durabilidade deste bem de consumo, seria até intuitivo, em uma lógica mercadológica, imaginar que os produtores elejam estratégias aptas a que os consumidores antecipem a compra de produtos substitutos aos antigos, como a estratégia da "obsolescência programada". (BRASIL, 2012a, p. 17).

Então, diante deste raciocínio lógico, referido precedente jurisprudencial reafirmou enfaticamente a necessidade de o Judiciário combater práticas abusivas englobadas por esta estratégia, haja vista contrariarem a Política Nacional das Relações de Consumo, de cujos princípios se extrai a "garantia dos produtos e serviços com padrões adequados de qualidade, segurança, durabilidade e desempenho" (art. 4º, inciso II, alínea "d", do CDC), além de gerar inegável impacto ambiental decorrente do descarte crescente de materiais (como lixo eletrônico) na natureza. E sublinhou que "é com os olhos atentos ao cenário atual – e até com boa dose de malícia, dada a massificação do consumo – que deve o Judiciário analisar a questão do vício ou defeito do produto" (BRASIL, 2012a, p. 17-18).

Portanto, da análise deste julgado, percebe-se que o Ministro Relator Luis Felipe Salomão, demonstrando estar atento aos problemas e necessidades socioambientais atuais, além de ter feito excelente ligação entre a discussão sobre a ocorrência de vícios de qualidade ocultos nos produtos com o planejamento destes "vícios" pelos fabricantes (obsolescência planejada) sob o enfoque consumerista, acertou ao observar a completa insustentabilidade de tal prática, ressaltando os impactos ambientais dela decorrentes.

Evidentemente que a decisão em comento, devido aos limites impostos pela causa de pedir e pelo pedido, não pôde conceder uma tutela mais abrangente em face da prática da obsolescência planejada. Porém, certamente, aliados à fundamentação jurídica lastreada no Código de Defesa do Consumidor, poderia ter, o ilustre Ministro, acrescentado os dispositivos legais contidos na Lei da Política Nacional de Resíduos Sólidos, que serão vistos no próximo item, para embasar sua decisão.

Este é, entretanto, um precedente jurisprudencial ainda isolado, devido ao fato de apenas neste momento histórico o tema da "obsolescência planejada" estar sendo identificado e discutido mais criticamente e com maior ênfase. Apesar disto, fazendo-se uma análise jurisprudencial mais apurada, percebe-se que há, conquanto, outros exemplos de decisões judiciais que, embora não falem especificamente sobre a prática da obsolescência planejada, julgaram estes casos com fulcro nos dispositivos contidos no Código de Defesa do Consumidor, notadamente nos artigos 12[61] e 18.[62]

Destarte, apesar de existirem decisões com outras fundamentações jurídicas, a jurisprudência nacional tem pacificado o entendimento esposado na decisão do STJ acima referida, isto é, de considerar como vícios de qualidade ocultos (art. 18 do CDC), típicos casos de obsolescência planejada de qualidade. A título de exemplificação, relaciona-se os seguintes julgados que seguem esta linha: (i) STJ, Recurso Especial nº 967.623 – RJ, Relatora Ministra Nancy Andrighi, publicado no Diário de Justiça em 29/06/2009;[63] (ii) TJRJ, Apelação cível nº 2009.001.639-26, Relator Desembargador Carlos Eduardo Moreira da Silva, publicado no Diário de Justiça em 03/11/2009;[64] e (iii) TJRS, Recurso inominado nº 71003359841, Relator Desembargador Roberto Behrensdorf Gomes da Silva, publicado no Diário de Justiça em 11/09/2012.[65]

Por fim, devido à peculiaridade do caso, que poderia perfeitamente ter sido discutido em uma ação coletiva sob o argumento de prática de obsolescência planejada, destaca-se aqui uma decisão de primeira instância que foi proferida pela 2ª Vara do Juizado Especial Cível da

---

[61] Art. 12. O fabricante, o produtor, o construtor, nacional ou estrangeiro, e o importador respondem, independentemente da existência de culpa, pela reparação dos danos causados aos consumidores por defeitos decorrentes de projeto, fabricação, construção, montagem, fórmulas, manipulação, apresentação ou acondicionamento de seus produtos, bem como por informações insuficientes ou inadequadas sobre sua utilização e riscos.

[62] Art. 18. Os fornecedores de produtos de consumo duráveis ou não duráveis respondem solidariamente pelos vícios de qualidade ou quantidade que os tornem impróprios ou inadequados ao consumo a que se destinam ou lhes diminuam o valor, assim como por aqueles decorrentes da disparidade, com a indicações constantes do recipiente, da embalagem, rotulagem ou mensagem publicitária, respeitadas as variações decorrentes de sua natureza, podendo o consumidor exigir a substituição das partes viciadas.

[63] Disponível em: https://ww2.stj.jus.br/processo/revista/documento/mediado/?componente=ITA&sequencial=760448&num_registro=200701596096&data=20090629&formato=PDF. Acesso em: 23/07/2014.

[64] Disponível em: http://www1.tjrj.jus.br/gedcacheweb/default.aspx?UZIP=1&GEDID=000363F0CF98D85C183959F1ADCA1BA9A4B927C4022E0F06. Acesso em: 23/07/2014.

[65] Disponível em: http://www.tjrs.jus.br/busca/?tb=proc. Acesso em: 23/07/2014.

Comarca de Campinas/SP, no processo n° 114.01.2010.069476-2, proferida em 09/08/2012.[66]

Trata-se de ação de reparação de danos, postulada por um consumidor, cliente da Apple, que adquiriu um iPod Nano (MP3 *player*) para utilizá-lo em treinos de corrida. No entanto, dois meses depois de comprá-lo, o aparelho eletrônico deixou de funcionar. Ao procurar a autorizada da empresa Apple, foi informado que a "placa interna" do equipamento tinha queimado por conta do contato do aparelho com o suor do corpo e, por essa razão, não poderia ser efetuada a troca do objeto, já que o consumidor teria usado-o de maneira inadequada (BRASIL, 2012c).

Entretanto, restou evidenciado nos autos da ação que a empresa Apple divulga este produto em suas propagandas como um tocador de MP3 propício para o uso durante atividades físicas, tendo em vista ser um aparelho bastante compacto. Todas as figuras das propagandas vinculadas pela Apple retratam esportistas se exercitando com tais aparelhos fixados em seus corpos. Portanto, concluiu a sentença que, se a Apple vende a imagem deste produto admitindo extensivo contato com o suor, não há que se falar em mau uso pelo consumidor, mas em vício de qualidade, vez que não atinge a finalidade para a qual se destina. Diante disto, a Juíza de Direito Erika Fernandes Fortes julgou procedente a ação, condenando a Apple a efetuar a troca do equipamento, com base no parágrafo primeiro do art. 18 do CDC (BRASIL, 2012c).

Neste julgado, a Juíza de primeiro grau alegou a inquestionabilidade da responsabilidade dos fornecedores pela exteriorização de um "vício de qualidade", definindo como o "defeito capaz de frustrar a legítima expectativa do consumidor quanto à sua utilização ou fruição" (BRASIL, 2012c). No caso dos autos, o vício constatado no produto iPod Nano foi caracterizado pela Magistrada como um vício de concepção oculto e preexistente, entendido como o resultante tanto de erro no projeto tecnológico do bem de consumo quanto da escolha de material inadequado ou de componente orgânico ou inorgânico nocivo à saúde (BRASIL, 2012c).

Ocorre que, diferentemente do julgado do STJ trabalhado anteriormente (Recurso Especial n° 984.106 – SC), apesar de explicitamente

---

[66]Disponívelem:https://esaj.tjsp.jus.br/pastadigital/abrirDocumentoEdt.do?origemDocumento
=M&nuProcesso=0069476-31.2010.8.26.0114&cdProcesso=36Z0A1HLW0000&cdForo=
114&tpOrigem=2&flOrigem=P&nmAlias=PG5CAMP&cdServico=190101&ticket=gE66W3I%2Fc
IF2ghOM%2Fh%2FIOzbDmGLf%2FMwTyeWqRiDkbRiCy4IUZbNOKN4F0xYudKlvXXKaSTPR
rS9cG%2Fo9f1Rb0X01dlp92%2BGHI0iHgKWVoS2vkQg%2Fd2Uzp%2BGny%2BKR%2BYOwx5s
PNke3nisD%2B0ffAJdvVjfeJ%2FffXLMY6MF8UYijdl%2F8TWJPXt7oeAjpka%2BsoyGPsKcRQed
OzqWBrVna%2FJcqFCMk0yEi%2BYLai1c%2Fn7SYqLc%3D. Acesso em: 23/07/2014.

ser um caso de obsolescência planejada de qualidade, nesta decisão a Juíza de Direito não se atentou para esta questão, de forma que, na opinião desta autora, apesar de ter acertado ao dar provimento à ação, errou ao condenar a empresa Apple à troca do equipamento. Decidindo assim, a Magistrada acabou sendo condescendente com a empresa ré, pois, o vício identificado se trata de uma qualidade (ou falta de qualidade) do produto (estragar com o contato com o suor, apesar de ser vendido para utilização em práticas esportivas), de forma que a sua troca por outro produto idêntico certamente não resolverá o problema do consumidor.[67]

Por outro lado, ainda adstrita aos limites da lide, poderia referida decisão, além da reparação dos danos materiais, ter condenado a empresa produtora à reparação de danos morais, pela prática comercial abusiva (art. 39), falta de boa-fé contratual (art. 4º, III) e por propaganda enganosa (art. 37, § 1º), bem como à realização de uma contrapropaganda, a fim de informar a todos os consumidores as limitações de qualidade do produto, por exemplo, tudo com base no Código de Defesa do Consumidor. Sem esquecer, logicamente, dos dispositivos contidos na Lei da Política Nacional de Resíduos Sólidos, que, como se verá a seguir, também poderiam ser utilizados sob um viés ambiental.

Assim, como dito, a problemática da obsolescência planejada ainda é um tema recente e, justamente por isso, grande parte dos julgadores que proferiram decisões em casos de ocorrência desta prática, não se ativeram à origem (planejada) dos vícios de qualidade nos produtos (e nem os consumidores vítimas desta prática). Exatamente por esta imperceptibilidade e desconhecimento sobre a utilização desta estratégia, grande parte da jurisprudência sobre a temática, trata a identificação do vício de qualidade como um fato isolado e que pode ser sanado pela simples troca do produto. Contudo, esta realidade já está mudando, como restou evidenciado com a recente decisão proferida pelo STJ e com a ação coletiva recentemente protocolada pelo IBDI suprarreferidas, que certamente servirão de marco para novas demandas judiciais contra esta prática.

Nesse sentido, é certo que as entidades com capacidade postulatória para ações coletivas e os Tribunais nacionais devem se atentar para os documentos e normas internacionais que vem sendo firmados sobre a questão dos padrões de produção e consumo, bem como sobre a durabilidade dos produtos, no sentido de melhor fundamentarem e

---

[67] Há diversos relatos na internet de outras ocorrências idênticas a desta ação com outros consumidores, o que demonstra não ser um caso isolado. A própria manifestação da empresa Apple ao afirmar que o produto não pode entrar em contato com umidade já exime qualquer dúvida a este respeito.

decidirem sobre casos que envolvam a prática da obsolescência planejada.

Além disso, para este mesmo fim, não podem deixar de levar em consideração: (a) os postulados da Política Nacional de Relações de Consumo, que, nos termos do artigo 4°, prima, dentre outros, pela proteção do consumidor pelo Poder Público para garantia de produtos e serviços com padrões adequados de qualidade, segurança, durabilidade e desempenho (inciso I, "d"); pela harmonização das relações de consumo pautadas na boa-fé e equilíbrio (inciso III); pela educação e informação dos consumidores e fornecedores (inciso IV); e, o mais importante deles para o presente estudo, pela coibição e repressão eficientes de todos os abusos praticados no mercado de consumo, inclusive a utilização indevida de inventos e criações industriais, que possam causar prejuízos aos consumidores (inciso VI) (BRASIL, 1990).

Bem como, (b) a proibição de práticas comerciais abusivas, como colocar no mercado produtos em desacordo com as normas expedidas por órgãos oficiais competentes e/ou pela ABNT (art. 39, VIII); e (c) o crime previsto no art. 66, sobre fazer afirmação falsa ou enganosa, ou *omitir informação relevante* sobre a natureza, característica, qualidade, quantidade, segurança, desempenho, *durabilidade*, preço ou garantia de produtos ou serviços (BRASIL, 1990).

Assim, sem ter certamente exaurido o tema, foram vistas algumas possibilidades de o Código de Defesa do Consumidor ser usado no enfrentamento da prática da obsolescência planejada de qualidade, de forma que se buscará, no próximo item, analisar como a Política Nacional de Resíduos Sólidos pode fazer coro na mitigação desta estratégia, pautada no princípio da sustentabilidade.

4.2.2. Lei da Política Nacional de Resíduos Sólidos

A Política Nacional de Resíduos Sólidos (PNRS), instituída pela Lei n° 12.305/10 após 21 anos de tramitação no Congresso Nacional, explicitou os princípios, objetivos, instrumentos e as diretrizes relativas à gestão integrada e ao gerenciamento de resíduos sólidos, às responsabilidades dos geradores e do poder público e aos instrumentos econômicos aplicáveis à matéria (BRASIL, 2010).

Importante destacar que, embora se trate da instituição de uma política voltada à gestão dos resíduos sólidos, de forma coerente e seguindo as diretrizes internacionais, mostra uma visão holística e sistêmica de tal problemática,[68] ao tratar da questão englobando todo o ciclo de vida dos produtos e deixando clara, em seus objetivos e diretrizes, a necessidade de se priorizar a não geração e a redução da produção de resíduos sólidos.[69] Ou seja, a PNRS, mesmo que de forma tímida, incluiu entre os seus dispositivos a necessidade de redução da produção de resíduos sólidos e, como decorrência lógica, para que isso ocorra, faz-se necessário, também, o refreamento do consumismo, bem representado pelo objetivo de estímulo ao consumo sustentável disposto no incido XV do art. 7º da referida Lei (BRASIL, 2010).

No entanto, por trazer diversos conceitos inovadores para a legislação nacional e principalmente pelo fato de ser uma Lei ainda recente, não há registros de medidas do Poder Público, nem de ações judiciais que a tenham usado para fundamentar a coibição da prática da obsolescência planejada. Assim, partindo-se deste pressuposto e sem a intenção de exaurir o debate, buscar-se-á neste item destacar dois instrumentos específicos trazidos pela PNRS, o de responsabilidade compartilhada pelo ciclo de vida dos produtos e o de direito à informação, os quais deverão ser interpretados a partir dos conceitos de sustentabilidade, consumo sustentável e ecoeficiência, desenvolvidos anteriormente nesta obra, que poderão auxiliar na mitigação desta estratégia da sociedade de consumo.

Com efeito, importante destacar que o inciso IV do artigo 6º da Lei nº 12.305/10 consigna expressamente o desenvolvimento sustentável como um princípio da PNRS. Em decorrência deste princípio, referida Lei dispõe, como alguns dos seus objetivos: i) o estímulo à adoção de padrões sustentáveis de produção e consumo de bens e serviços (art. 7º, III); ii) a prioridade, nas aquisições e contratações governamentais, para bens, serviços e obras que considerem critérios compatíveis com padrões de consumo social e ambientalmente sustentáveis (art. 7º, XI, "b"); iii) o incentivo ao desenvolvimento de sistemas de gestão ambiental e empresarial voltados para a melhoria dos processos produtivos e ao reaproveitamento dos resíduos sólidos, incluídos a recuperação e o

---

[68] Art. 6º São princípios da Política Nacional de Resíduos Sólidos: ... III – a visão sistêmica, na gestão dos resíduos sólidos, que considere as variáveis ambiental, social, cultural, econômica, tecnológica e de saúde pública;

[69] Art. 7º São objetivos da Política Nacional de Resíduos Sólidos: ... II – não geração, redução, reutilização, reciclagem e tratamento dos resíduos sólidos, bem como disposição final ambientalmente adequada dos rejeitos; III – estímulo à adoção de padrões sustentáveis de produção e consumo de bens e serviços; IV – adoção, desenvolvimento e aprimoramento de tecnologias limpas como forma de minimizar impactos ambientais; ... XIII – estímulo à implementação da avaliação do ciclo de vida do produto; ... XV – estímulo à rotulagem ambiental e ao consumo sustentável. ... Art. 9º Na gestão e gerenciamento de resíduos sólidos, deve ser observada a seguinte ordem de prioridade: não geração, redução, reutilização, reciclagem, tratamento dos resíduos sólidos e disposição final ambientalmente adequada dos rejeitos.

aproveitamento energético (art. 7º, XIV); iv) e o estímulo à rotulagem e ao consumo sustentável (BRASIL, 2010).

Como se pode observar, além de estarem intimamente ligados às disposições contidas nos documentos internacionais vistos no item 4.1 deste trabalho, todos esses objetivos abrangem a ideia de padrões sustentáveis de produção e consumo, que, segundo o inciso XIII do art. 3º da Lei nº 12.305/10, são a "produção e consumo de bens e serviços de forma a atender as necessidades das atuais gerações e permitir melhores condições de vida, sem comprometer a qualidade ambiental e o atendimento das necessidades das gerações futuras" (BRASIL, 2010), definição esta, muito próxima do conceito de desenvolvimento sustentável dado pelo Relatório Brundtland, que, como visto, é muito criticado por sua abstratividade.

De qualquer forma, percebe-se que este conceito mais amplo é composto por duas categorias mais concretas, vistas no início deste capítulo, quais sejam: (i) o consumo sustentável, ligado à ideia de padrão de consumo sustentável e tratado como um objetivo da PNRS (art. 7º, inciso XV); e (ii) a ecoeficiência, abrangida pelo conceito de padrão de produção sustentável e classificada como um princípio da PNRS pelo inciso V do art. 6º (BRASIL, 2010). Destarte, a Lei nº 12.305/10 define esta última noção como:

> A compatibilização entre o fornecimento, a preços competitivos, de bens e serviços qualificados que satisfaçam as necessidades humanas e tragam qualidade de vida e a redução do impacto ambiental e do consumo de recursos naturais a um nível, no mínimo, equivalente à capacidade de sustentação estimada do planeta (BRASIL, 2010).

Nesse sentido, partindo-se das noções de sustentabilidade, consumo sustentável e ecoeficiência, todas trazidas pela PNRS, resta evidenciado que a responsabilidade pela duração do tempo de vida útil de um produto deve ser compartilhada entre: (i) produtores (iniciativa privada), que deverão implementar uma produção ecoeficiente e pautada nos limites biofísicos da natureza, com foco na qualidade e durabilidade de seus produtos; (ii) consumidores, através de um consumo sustentável; e (iii) Poder Público, por meio de medidas, ações e fiscalização orientadas pelo conceito de sustentabilidade. E para não restar qualquer dúvida a este respeito, a Lei nº 12.305/10, além do disposto em seu art. 25,[70] estabeleceu a responsabilidade compartilhada pelo ciclo de vida dos produtos como um princípio da PNRS (art. 6º, VII),

---

[70] Art. 25. O poder público, o setor empresarial e a coletividade são responsáveis pela efetividade das ações voltadas para assegurar a observância da Política Nacional de Resíduos Sólidos e das diretrizes e demais determinações estabelecidas nesta Lei e em seu regulamento.

dedicando Seção específica a este tema – Seção II do Capítulo III – (BRASIL, 2010).

Assim, para uma melhor compreensão deste princípio, é preciso que se esclareça o significado de "ciclo de vida dos produtos", que, para a PNRS (art. 3º, IV), representa a "série de etapas que envolvem o desenvolvimento do produto, a obtenção de matérias-primas e insumos, o processo produtivo, o consumo e a disposição final" (BRASIL, 2010).

Então, tal definição engloba todas as etapas pelas quais um produto passa, desde a sua idealização até a destinação final após o seu consumo, ou seja, envolve a pré-produção, produção, transporte, comercialização, utilização, descarte, reutilização e/ou reciclagem de parte ou da totalidade do produto. Essa concepção de ciclo de vida dos produtos trazida pela Lei nº 12.305/10, denominada, como visto anteriormente, de análise "do berço ao berço" ("cradle to cradle"), substituiu a concepção de análise do ciclo de vida do produto, ora defasada, conhecida como "do berço ao túmulo" ("cradle to grave"), cujo foco comercial analisava o produto a partir do projeto até a sua morte e retirada do mercado. Ou seja, com essa nova visão do ciclo de vida dos produtos, passou-se a pensar, também, nas consequências acarretadas pelo produto após a sua primeira utilização, demonstrando-se, assim, uma visão mais holística e ambientalmente responsável (CARDOSO; et al., 2010, p. 3).

Ademais, quanto ao compartilhamento da responsabilidade sobre o ciclo de vida dos produtos, ressalta-se que se trata de uma decorrência lógica do imposto pela nossa Constituição Federal de 1988, que em seu art. 225 impele ao Poder Público e à coletividade o dever de proteção ao meio ambiente em favor das presentes e futuras gerações (BRASIL, 1988). Dessa forma, resta evidente que todos os envolvidos no ciclo de vida de um produto tem a obrigação de agir de forma a preservar o meio ambiente, bem de uso comum do povo. Dito isso, para os efeitos da PNRS, a Lei nº 12.305/10 definiu, no inciso XVII do art. 3º (BRASIL, 2010), responsabilidade compartilhada pelo ciclo de vida dos produtos como o

> conjunto de atribuições individualizadas e encadeadas dos fabricantes, importadores, distribuidores e comerciantes, dos consumidores e dos titulares dos serviços públicos de limpeza urbana e de manejo dos resíduos sólidos, para *minimizar o volume de resíduos sólidos e rejeitos gerados*, bem como para *reduzir os impactos causados à saúde humana e à qualidade ambiental decorrentes do ciclo de vida dos produtos*, nos termos desta Lei (BRASIL, 2010).

Além disso, em seu art. 30, a Lei nº 12.305/10, destaca que esse compartilhamento da responsabilidade pelo ciclo de vida dos produtos deve ser feito entre fabricantes, importadores, distribuidores, comerciantes, consumidores e Poder Público (*caput* do art. 30), objetivando, dentre outros: (i) a compatibilização dos interesses de agentes econômicos e sociais e os processos de gestão empresarial e mercadológica com os de gestão ambiental, desenvolvendo estratégias sustentáveis; (ii) a redução da geração de resíduos sólidos, do desperdício de materiais, da poluição e dos danos ambientais; (iii) o incentivo da utilização de insumos de menor agressividade ao meio ambiente e de maior sustentabilidade; (iv) a possibilitação do desenvolvimento de atividades produtivas eficientes e sustentáveis; e (v) o incentivo de boas práticas de responsabilidade socioambientais (BRASIL, 2010).

E, por fim, a Lei nº 12.305/10, em seu art. 31, dispõe que:

Sem prejuízo das obrigações estabelecidas no plano de gerenciamento de resíduos sólidos e com vistas a fortalecer a responsabilidade compartilhada e seus objetivos, os fabricantes, importadores, distribuidores e comerciantes têm responsabilidade que abrange:

I – investimento no desenvolvimento, na fabricação e na colocação no mercado de produtos:

a) que sejam aptos, após o uso pelo consumidor, à reutilização, à reciclagem ou a outra forma de destinação ambientalmente adequada;

b) cuja fabricação e uso gerem a menor quantidade de resíduos sólidos possível;

II – divulgação de informações relativas às formas de evitar, reciclar e eliminar os resíduos sólidos associados a seus respectivos produtos;

III – recolhimento dos produtos e dos resíduos remanescentes após o uso, assim como sua subsequente destinação final ambientalmente adequada, no caso de produtos objeto de sistema de logística reversa na forma do art. 33;

IV – compromisso de, quando firmados acordos ou termos de compromisso com o Município, participar das ações previstas no plano municipal de gestão integrada de resíduos sólidos, no caso de produtos ainda não inclusos no sistema de logística reversa (BRASIL, 2010).

Verifica-se, conquanto, que, além de terem a obrigação de desenvolver produtos passíveis de reutilização, reciclagem ou outra destinação ambientalmente adequada, os produtores devem primar pela redução ao máximo de geração de resíduos sólidos, seja na fabricação ou no consumo.

Ou seja, não restam dúvidas de que, com a promulgação da Lei nº 12.305/10, todo produto comercializado no Brasil deve ser desenvolvido de forma que minimize a geração de resíduos sólidos e impactos causados à saúde humana e à qualidade ambiental, primando por um padrão de produção sustentável, que proporcione condições para um consumo sustentável. Portanto, a estratégia desenvolvida para tornar um produto obsoleto prematuramente (obsolescência planejada), seja por sua qualidade, sua função ou sua estética,[71] acaba por intensificar a produção de resíduos sólidos, violando flagrantemente todos os princípios, objetivos e regras destacados na presente obra da PNRS, a qual, como visto, tem como objetivo a priorização da não geração e da redução de produção de resíduos sólidos.

Portanto, tem-se que, por meio do princípio da responsabilidade compartilhada pelo ciclo de vida dos produtos é possível regular/controlar a atividade produtiva da iniciativa privada para que funcione dentro de parâmetros socioambientais sustentáveis. Contudo, para que esse controle seja efetivamente implementado, é preciso que, tanto os consumidores, como o Poder Público, também assumam a sua responsabilidade sobre o ciclo de vida dos produtos, e utilizem-se das medidas e direitos dispostos pela Lei da PNRS, bem como de outras legislações, como o Código de Defesa do Consumidor visto anteriormente.

Assim, ao Poder Público cabe incentivar, fiscalizar e coibir a ação dos produtores, por meio: (a) dos planos nacional, estadual e municipal de gestão integrada de resíduos sólidos,[72] que devem, necessariamente, conter metas de redução da geração de resíduos sólidos (arts. 8º, I; 15, III; 17, III; 19, XIV); (b) do licenciamento ambiental, no qual deverá ser apresentado pelo empreendedor o plano de gerenciamento de resíduos sólidos (art. 8º, I; art. 24), que, priorizando a não geração e redução de resíduos sólidos (art. 9º), deverá conter metas e procedimentos relacionados à minimização da geração de resíduos sólidos e ações relativas à responsabilidade compartilhada pelo ciclo de vida dos produtos (art. 21, VI e VII). No licenciamento poderá, também, ser exigido do empreendedor a avaliação do ciclo de vida dos produtos como parte integrante do plano de gerenciamento de resíduos sólidos (BRASIL, 2010).

Também pela(o): (c) aprovação do plano de gerenciamento de resíduos sólidos apresentados pelos empreendimentos e atividades não sujeitos a licenciamento ambiental (§ 1º, art. 24); (d) monitoramento e fiscalização ambiental (art. 8º, V), com a cobrança da apresentação dos inventários e declarações anuais de resíduos sólidos pelos produtores (art. 8º, II), organizando e mantendo o Sistema Nacional de Informações sobre a Gestão dos Resíduos Sólidos (Sinir), sempre articulado com o Sistema Nacional de Informações em Saneamento Básico (Sinisa) e o Sistema Nacional de Informações sobre Meio Ambiente Sinima

---

[71] Sobre os tipos de obsolescência planejada, ver o capítulo 2 do presente trabalho.

[72] A gestão integrada de resíduos sólidos é definida pela Lei nº 12.305/10, no inciso XI do art. 3º, como "o conjunto de ações voltadas para a busca de soluções para os resíduos sólidos, de forma a considerar as dimensões política, econômica, ambiental, cultural e social, com controle social e sob a premissa do desenvolvimento sustentável".

(art. 12), e com ações preventivas e corretivas em nível municipal (art. 19, XVII) (BRASIL, 2010).

O Poder público poderá atuar, ademais, por meio de: (e) incentivos fiscais, financeiros e creditícios (art. 8º, IX), instituindo medidas indutoras e linhas de financiamento para atender, prioritariamente, às iniciativas de prevenção e redução da geração de resíduos sólidos no processo produtivo (art. 42, I), de desenvolvimento de produtos com menores impactos à saúde humana e à qualidade ambiental em seu ciclo de vida (art. 42, II) e de desenvolvimento de sistemas de gestão ambiental e empresarial voltados para a melhoria dos processos produtivos (art. 42, VIII); (f) ações a serem desenvolvidas no âmbito dos órgãos da administração pública, com vistas à utilização racional dos recursos ambientais, ao combate a todas as formas de desperdício e à minimização da geração de resíduos sólidos (art. 19, § 6º), priorizando, por exemplo, a aquisição de bens, serviços e obras que considerem critérios compatíveis com padrões de consumo social e ambientalmente sustentáveis (art. 7º, XI, "b"); (g) educação ambiental (art. 8º, VIII), por meio de programas e ações que promovam a não geração e a redução da produção de resíduos sólidos (art. 19, X); dentre outros (BRASIL, 2010).

Já no que concerne à responsabilidade do consumidor no ciclo de vida dos produtos, para que possa consumir de forma sustentável, é preciso, antes de tudo, que seja ambientalmente educado. Além disso, deverá ter amplo acesso às informações relativas ao ciclo de vida dos produtos, inclusive quanto à durabilidade de vida do bem projetada pelo produtor já na fase de idealização ou pré-produção.

Com efeito, o direito à informação está expressamente previsto no inciso X do art. 6º da Lei nº 12.305/10 como um princípio da PNRS, o qual pode ser identificado em vários pontos do texto da Lei, como na previsão da necessidade de ampla publicidade dos planos de gestão e gerenciamento de resíduos sólidos (art. 14, parágrafo único) e na responsabilização dos produtores de divulgarem informações relativas às formas de evitar a geração de resíduos sólidos associados a seus produtos (art. 31, II) (BRASIL, 2010).

Em matéria ambiental, o direito dos cidadãos à informação pode ser fundamentado, principalmente, pelos incisos XIV[73] e XXXIII[74] do

---

[73] É assegurado a todos o acesso à informação e resguardado o sigilo da fonte, quando necessário ao exercício profissional.

[74] Todos têm direito a receber dos órgãos públicos informações de seu interesse particular, ou de interesse coletivo ou geral, que serão prestadas no prazo da lei, sob pena de responsabilidade, ressalvadas aquelas cujo sigilo seja imprescindível à segurança da sociedade e do Estado.

art. 5º da CF/88 (BRASIL, 1988), art. 4º, V,[75] e art. 9º, X e XI[76] da Lei nº 6.938/81 (BRASIL, 1981), tratando-se de um dos princípios estruturantes do Estado de Direito Ambiental, fundamental para uma efetiva cidadania ambiental. Este princípio, inclusive, foi previsto na Declaração do Rio de Janeiro sobre Meio Ambiente e Desenvolvimento de 1992 (Princípio 10), que dispôs que ao nível nacional, todos os indivíduos deverão ter acesso adequado à informação relativa ao meio ambiente detidas pelas autoridades (ONU, 1992b).

Ademais, o direito à informação também está previsto como um direito básico do consumidor no art. 6º, III, do Código de Defesa do Consumidor, como o direito à informação adequada e clara sobre os diferentes produtos e serviços, com especificação correta de quantidade, características, composição, qualidade e preço, bem como sobre os riscos que apresentem (BRASIL, 1990). Diretamente ligado ao direito à informação está o direito à proteção contra publicidade enganosa e abusiva, métodos comerciais coercitivos ou desleais, bem como contra práticas abusivas impostas no fornecimento de produtos (art. 6º, IV), vistos no item anterior, vez que tais práticas se utilizam da falta de informação ou de informação incorreta dos consumidores (BRASIL, 1990).

É evidente, portanto, o direito dos cidadãos (consumidores) de terem acesso a todas as informações relativas ao produto que pretendem adquirir, sejam elas de caráter individual ou mesmo de caráter coletivo e difuso. Assim, a informação clara sobre a previsão de durabilidade do produto seria uma forma de auxiliar os consumidores a escolherem produtos que durem mais, por exemplo. O alerta sobre as consequências ambientais do produto em todas as etapas do seu ciclo de vida, bem como do consumismo em propagandas de bens de consumo seria, também, outra forma de conscientizar os consumidores a primarem por uma valorização de manutenção dos bens que já possuem, substituindo a lógica da efemeridade e do desperdício, pela desmaterialização da felicidade e o elogio à suficiência.

Ademais, tais direitos podem servir de fundamentação legal contra propagandas que, de forma abusiva, induzam os consumidores a

---

[75] Art. 4º A Política Nacional do Meio Ambiente visará: ... V – à difusão de tecnologias de manejo do meio ambiente, à divulgação de dados e informações ambientais e à formação de uma consciência pública sobre a necessidade de preservação da qualidade ambiental e do equilíbrio ecológico;

[76] Art 9º São instrumentos da Política Nacional do Meio Ambiente: ... X – a instituição do Relatório de Qualidade do Meio Ambiente, a ser divulgado anualmente pelo Instituto Brasileiro do Meio Ambiente e Recursos Naturais Renováveis – IBAMA; XI – a garantia da prestação de informações relativas ao Meio Ambiente, obrigando-se o Poder Público a produzi-las, quando inexistentes;

adquirirem aquilo que de fato não precisam, ou afirmando/insinuando que seus produtos são de qualidade e possuem grande tempo de vida, sem especificar de forma clara o período de vida útil previsto para aquele produto, nem alertar para os prejuízos ambientais decorrentes do consumismo. Nesse sentido, tem-se recente decisão jurisprudencial do Tribunal Regional Federal da 4ª Região (TRF4), que de forma pioneira, condenou a empresa Monsanto, na Apelação Cível nº 5002685-22.2010.404.7104/RS,[77] por ter vinculado propaganda (enganosa) de agrotóxicos e transgênicos, ocultando informações sobre a periculosidade e ausência de certeza científica quanto aos efeitos desses produtos para o meio ambiente (BRASIL, 2012d).

Nesta decisão, o TRF4, com base no direito dos consumidores à informação integral e verdadeira acerca dos possíveis impactos do produto (no caso, herbicida), condenou a empresa ré ao ressarcimento por danos morais difusos/coletivos, já que a prática abusiva da empresa atingiu bens considerados de grande relevância e estima para a sociedade (direitos do consumidor e do meio ambiente); assim como à realização de uma contrapropaganda (BRASIL, 2012d).

De forma análoga, o direito à informação e à proteção contra publicidade enganosa e abusiva podem servir de base para se intentar ações contra produtores que se utilizam da prática da obsolescência planejada, eis que, como visto, além de atentarem contra os princípios, objetivos e instrumentos da PNRS, se utilizam dessa estratégia sem que os consumidores tenham consciência disso, induzindo-os ao consumismo de forma a fortalecer a crise ambiental vivenciada pela superexploração de recursos naturais e pela superprodução de resíduos sólidos. Como visto nesta decisão jurisprudencial, tais ações podem buscar a condenação dos produtores à contrapropaganda (informação) e à indenização, tanto individual (ao consumidor especificamente lesado pela prática abusiva da obsolescência planejada), como coletiva (dano moral coletivo).[78]

---

[77] Disponível em: https://eproc.trf4.jus.br/eproc2trf4/controlador.php?acao=acessar_documento_publico&doc=41345580568428931110000000002&evento=41345580568428931110000000001&key=ca68fa255760d768017acfe9cada5e557e5d08b2256af2b4c13bb150a7102e78. Acesso em: 23/07/2014.

[78] Sobre o tema, ver obra: "Dano ambiental: do individual ao coletivo extrapatrimonial", do autor José Rubens Morato Leite.

Considerações finais

Viu-se, na presente obra, que a humanidade foi se afastando de suas bases vitais no decorrer de sua transformação como espécie, desvinculando-se, com a Modernidade, dos ciclos ecológicos naturais e modificando sua ligação com o meio ambiente em uma relação antropocêntrica, dominadora e extremamente predatória. Muitas foram as consequências desse afastamento ontológico dos seres humanos, dentre as quais, a construção de um modelo de desenvolvimento social que desafia, atualmente, a própria sobrevivência humana na Terra.

Destarte, sob o aspecto social específico do consumo, constatou-se que além das necessidades básicas e culturais, com a Modernidade, surgiu um novo tipo de necessidades a serem supridas: as do próprio sistema produtivo. Neste contexto, estas novas necessidades intensificaram-se com o decorrer dos tempos e, para manutenção do sistema econômico hegemônico (crescimentista), ocasionaram a fundação de um novo tipo de sociedade: a sociedade de consumo. Tal sociedade, surgida em substituição à sociedade de produtores, inaugurou uma nova fase deste período histórico, a modernidade líquida, trazendo consigo novos valores – como efemeridade, excesso e desperdício –, bem como um novo processo civilizacional, apresentado como a última etapa do processo rumo à liberdade humana.

Com efeito, restou evidenciado que o surgimento da sociedade de consumo não ocorreu por acaso, foi forjado para manutenção, fortalecimento e propagação do modelo econômico hegemônico, o qual defende (equivocadamente) que o bem-estar social apenas pode ser plenamente alcançado por meio do ideal de crescimento, fomentado pela constante expansão da produção e do consumo.

Assim, para possibilitar a continuidade deste modelo de desenvolvimento (crescimentista), estratégias foram criadas e propagadas no seio desta sociedade de consumo. Dentre elas, destacou-se, na presente obra, a prática da obsolescência planejada, cuja finalidade é tornar um produto defasado/obsoleto prematuramente. Observou-se que, não obstante ao fato de sua primeira variedade já ter surgido no final do século XIX, a utilização desta estratégia intensificou-se, principalmente, após a década de 50, e auxiliou de forma significativa para a eclosão de uma verdadeira crise civilizacional, dentre a qual se encontram as crises social e ambiental.

Do ponto de vista social, restou evidenciado que este modelo de desenvolvimento defendido pela economia neoclássica crescimentista, gerou desde o subconsumo, caracterizado pela falta de suprimento, inclusive, das necessidades mais básicas humanas, até o consumismo, quando o consumo de bens supérfluos ultrapassa os limites do tolerável. Assim, viu-se que as consequências sociais do consumismo, não tão evidentes quanto às do subconsumo, tem sido das mais variadas, como altos índices de depressão, suicídio, obesidade, vícios, dentre outros. No entanto, o PIB (ou PNB) como índice de crescimento de um país, utilizado como forma de mensuração do aumento da qualidade de vida de uma determinada população, tem se mostrado como um instrumento falacioso, vez que o crescimento do capital de um país não tem relação direta com os investimentos em bem-estar social, com a distribuição equitativa desta renda, muito menos com a melhoria de vida da população em geral.

Já quanto ao viés ambiental, ficou claro que este modelo crescimentista, ao excluir os recursos naturais dos seus cálculos produtivos, acabou por alcançar muitos dos limites biofísicos do planeta (e está prestes a alcançar muitos outros), já que gera desde a superexploração de recursos naturais até a superprodução de resíduos sólidos, acarretando uma crise ambiental difícil de ser superada.

Então, evidenciadas estas crises, a preocupação socioambiental passou a ser palco de debates no contexto internacional, ocasionando o surgimento do movimento ambientalista, cujo principal objetivo era (é) inserir esta preocupação nos mais diversos segmentos. Diante disto, construções teóricas passaram a ser criadas com o intuito de se superar o modelo de desenvolvimento ocidental hegemônico (falido) por um novo paradigma, mais preocupado com as questões ecológicas e sociais. Destarte, no presente trabalho constatou-se que todas estas teorias tem como ponto de convergência a noção de sustentabilidade, cujo sentido ainda está em construção, mas que tem como pressuposto básico uma responsabilidade de longa duração, para com as presentes e futuras gerações.

A partir daí, teve-se, como visto, o início de um processo de ecologização do conhecimento, com a busca pela internalização da noção de sustentabilidade nas mais diversas áreas do conhecimento. Nesta pesquisa, foram enfatizadas duas áreas específicas: a Economia e o Direito, pela influência e importância de ambas na concretização e implementação do paradigma da sustentabilidade. Após esta análise, restou claro que as teorias da Economia ecológica e do Estado de Direito Ambiental se aproximam muito da densificação de uma real sustentabilidade (ou sustentabilidade forte), de forma que devem servir de parâmetro teórico para a aplicação prática desta noção.

Posto isto, conclui-se que, para se superar o atual modelo hegemônico de desenvolvimento, e, por decorrência lógica, os padrões de produção e consumo insustentáveis, é necessário que se adote um novo paradigma, cuja racionalidade quebre com a lógica da economia do crescimento e busque novas bases, verdadeiramente sustentáveis. Atitudes de simplicidade voluntária, de preservação e ação comunitárias, de inserção de novos valores sociais, sem dúvida podem auxiliar na modificação dos padrões de produção, tornando-os mais ecoeficientes, bem como na redução significativa do consumo, respeitando, assim, os limites físicos e sociais do ambiente.

Porém, até que haja uma verdadeira e completa reformulação do paradigma de desenvolvimento dominante, defendeu-se que ações políticas, sociais e mesmo jurídicas devem ser tomadas em face de práticas flagrantemente insustentáveis do ponto de vista social e ambiental, como vias de acesso para o alcance deste novo modelo.

Então, verificados os documentos internacionais que versam sobre a questão dos padrões de produção e consumo, bem como, mais especificamente, da durabilidade dos produtos, como a Agenda 21 e as séries de normas ISO 14000 e ISO 26000, observou-se que, embora não tenham força vinculativa, servem, por sua importância, como fundamentos técnicos e jurídicos de amplitude internacional no enfrentamento da prática da obsolescência planejada.

Quanto aos instrumentos legais nacionais, destacou-se o Código de Defesa do Consumidor e a Lei da Política Nacional de Resíduos Sólidos, como armas jurídicas que podem ser utilizadas eficazmente no enfrentamento desta estratégia perniciosa da sociedade de consumo.

Diante de tudo quanto o exposto, é possível afirmar que o objetivo geral desta pesquisa, o de verificar a aplicabilidade jurídica da sustentabilidade, como fundamento paradigmático para o enfrentamento da prática da obsolescência planejada de qualidade, desenvolvida na sociedade líquido-moderna de consumo, foi devidamente cumprido.

E, por fim, tem-se, que a hipótese aventada para se responder ao problema proposto, qual seja, a de que a utilização de instrumentos jurídicos mostra-se como um dos possíveis caminhos a serem utilizados para enfrentar a prática da obsolescência planejada de qualidade, desde que interpretados com base no paradigma da sustentabilidade, internalizado no Direito por meio do Estado de Direito Ambiental e na Economia com a teoria da Economia ecológica, restou confirmada.

Espera-se, portanto, que a pesquisa desenvolvida nesta obra auxilie para trazer a tona à comunidade acadêmica, bem como à sociedade em geral, a prática da obsolescência planejada, entendida como uma estratégia completamente insustentável, utilizada pelo setor produtivo na atual sociedade de consumo. Evidenciado o emprego desta prática, suas causas e consequências maléficas – sociais e ambientais –, isto é, disseminando-se informações sobre a obsolescência planejada, acredita-se que medidas poderão ser tomadas por aqueles que forem lesados por esta estratégia abusiva, ou seja, por todos os cidadãos – que são mais do que consumidores.

Evidentemente que, como já dito, o modelo atual de desenvolvimento (falido e insustentável) apenas poderá ser superado com a implementação de um novo paradigma, entretanto, as vias para esta "reforma-revolucionária" ou "revolução-reformista" já podem (e devem) ser abertas por meio de ações – políticas, sociais, jurídicas, etc. – que enfrentem situações particulares flagrantemente em desacordo com a noção de sustentabilidade. E é exatamente esta a proposta da presente obra: a busca por ações jurídicas concretas que busquem comportamentos produtivos socioambientalmente responsáveis quanto à durabilidade dos bens de consumo. Com isso, acredita-se que se estará dando mais um passo para a construção do caminho que nos levará ao sonhado novo paradigma de desenvolvimento humano.

Referências

ABRAMOVAY, Ricardo. *Muito além da economia verde*. São Paulo: Abril, 2012.

ABRELPE. *Panorama de Resíduos Sólidos 2011*. 2012. Disponível em: <http://www.abrelpe.org.br/panorama_envio.cfm?ano=2011>. Acesso em: 26 set. 2012.

ASSOCIAÇÃO BRASILEIRA DE NORMAS TÉCNICAS (ABNT). *Da proteção da marca e das normas da ABNT*. Disponível em: <http://www.abnt.org.br/IMAGENS/protecao_ marca_das_normas_abnt.pdf>. Acesso em: 20 fev. 2013.

——. *NBR ISO/TR 14062*: Gestão da qualidade – Integração de aspectos ambientais no projeto e desenvolvimento do produto. Rio de Janeiro, 2004.

——. *NBR ISO 26000*: Diretrizes sobre responsabilidade social. Rio de Janeiro, 2010.

ARBIX, Glauco; ZILBOVICIUS, Mauro. Por uma estratégia de civilização. In: ARBIX, Glauco; ZILBOVICIUS, Mauro; ABRAMOVAY, Ricardo (Org.). *Razões e ficções do desenvolvimento*. São Paulo: UNESP; Edusp, 2001.

BARBOSA, Livia. *Sociedade de consumo*. Rio de Janeiro: Zahar, 2010.

BAUDRILLARD, Jean. *A sociedade de consumo*. Lisboa: Edições 70, 2008.

BAUMAN, Zygmunt. *Vida para consumo*: a transformação das pessoas em mercadoria. Rio de Janeiro: Zahar, 2008.

BECK, Ulrich. *Sociedade de risco*: rumo a uma outra modernidade. São Paulo: 34, 2010.

BENJAMIN, Antônio Herman. Constitucionalização do ambiente e ecologização da Constituição brasileira. In: CANOTILHO, José Joaquim Gomes; LEITE, José Rubens Morato Leite (Org.). *Direito Constitucional Ambiental brasileiro*. São Paulo: Saraiva, 2010.

BOFF, Leonardo. *Civilização planetária*: desafios à sociedade e ao cristianismo. Rio de Janeiro: Editora Sextante, 2003.

——. *Sustentabilidade*. O que é, o que não é. Petrópolis: Vozes, 2012.

BOURG, Dominique. *Natureza e técnica*. Lisboa: Instituto Piaget, 1997.

BRASIL. Constituição (1988). *Constituição da República Federativa do Brasil*. Disponível em: <http://www.planalto.gov.br/ccivil_03/constituicao/constituicao.htm>. Acesso em: 24 ago. 2012.

——. *Lei nº 6.938*, de 31 de agosto de 1981. Dispõe sobre a Política Nacional do Meio Ambiente, seus fins e mecanismos de formulação e aplicação, e dá outras providências. Disponível em: <http://www.planalto.gov.br/ccivil_03/leis/l6938.htm>. Acesso em: 05 set. 2012.

——. *Lei nº 8.078*, de 11 de setembro de 1990. Dispõe sobre a proteção do consumidor e dá outras providências. Disponível em: <http://www.planalto.gov.br/ccivil_03/leis/L8078.htm>. Acesso em: 30 ago. 2012.

——. *Lei nº 12.187*, de 29 de dezembro de 2009a. Dispõe sobre a Política Nacional sobre Mudanças Climáticas. Disponível em: <http://www.planalto.gov.br/ccivil_03/_ato2007-2010/2009/lei/l12187.htm>. Acesso em: 12 out. 2012.

——. *Lei nº 12.305*, de 02 de agosto de 2010. Institui a Política Nacional de Resíduos Sólidos; altera a Lei nº 9.605, de 12 de fevereiro de 1998; e dá outras providências. Disponível em: <http://www.planalto.gov.br/ccivil_03/_ato2007-2010/2010/lei/l12305.htm>. Acesso em: 22 ago. 2012.

———. Superior Tribunal de Justiça. Recurso Especial nº 967.623 – RJ. Relator: Ministra Nancy Andrighi. DJE, 29 jun. 2009b. Disponível em: https://ww2.stj.jus.br/revistaeletronica/Abre_Documento.asp?sSeq=760448&sReg=200701596096&sData=20090629&formato=PDF. Acesso em: 04 mar. 2013.

———. Superior Tribunal de Justiça. Recurso Especial nº 984.106 – SC. Relator: Ministro Luis Felipe Salomão. DJE, 20 nov. 2012a. Disponível em: https://ww2.stj.jus.br/revistaeletronica/Abre_Documento.asp?sSeq=1182088&sReg=200702079153&sData=20121120&formato=PDF. Acesso em: 06 mar. 2013.

———. Tribunal Regional Federal da 4ª Região. Apelação Cível nº 5002685-22.2010.404.7104/RS. Relator: Desembargador Jorge Antonio Maurique. 21 ago. 2012d. Disponível em: <http://www2.trf4.jus.br/trf4/controlador.php?acao=consulta_processual_resultado_pesquisa&txtValor=50026852220104047104&selOrigem=TRF&chkMostrarBaixados=&todasfases=S&selForma=NU&todaspartes=&hdnRefId=&txtPalavraGerada=&txtChave=>. Acesso em: 28 out. 2012.

BRAUNGART, Michael; MCDONOUGH, William. *Cradle to cradle*: re-making the way we make things. London: Vintage Books, 2009.

BUSTAMANTE, Laura Perez. *Los derechos de la sustentabilidad*: desarrolo, consumo y ambiente. Buenos Aires: Colihue, 2007.

CANOTILHO, José Joaquim Gomes. Estado Constitucional Ecológico e Democracia Sustentada. In: FERREIRA, Heline Sivini; LEITE, José Rubens Morato (Org.). *Estado de Direito Ambiental*: tendência: aspectos constitucionais e diagnósticos – Rio de Janeiro: Forence Universitária, 2004.

———. O princípio da sustentabilidade como princípio estruturante do Direito Constitucional. *Tékhne – Revista de Estudos Politécnicos*. Barcelos(PO): IPCA, v. VIII, n. 13, 2010.

CAPRA, Fritjof. *A teia da vida*: uma nova compreensão científica dos sistemas vivos. São Paulo: Cultrix, 2006.

CARDOSO, Cristina Luz; et.al. Extensão de vida do produto: ciclos de prazer e vínculos afetivos. *In: Anais do XXX Encontro Nacional de Engenharia de Produção*. São Paulo: Enegep, 2010. Disponível em: <http://www.abepro.org.br/biblioteca/enegep2010_TN_STO_117_765_16320.pdf>. Acesso em: 19 dez. 2012.

CERQUEIRA, Hugo E. A. da Gama. O discurso econômico e suas condições de possibilidade. *In*: Síntese – Revista de Filosofia. v. 28, n. 92, 2001.

COMISSÃO MUNDIAL SOBRE MEIO AMBIENTE E DESENVOLVIMENTO. *Nosso Futuro Comum*. Rio de Janeiro: FGV, 1991.

COMPRAR, jogar fora, comprar: a história da obsolescência planejada. Produção de Cosima Dannoritzer, 2011. (52m18s). Disponível em: http://www.youtube.com/watch?v=XW5pOx2ZI9c. Acesso em: 09 maio 2012.

CONMETRO. *Resolução nº 07*, de 24 de agosto de 1992. Disponível em: <http://www.inmetro.gov.br/legislacao/resc/pdf/RESC000017.pdf>. Acesso em: 11 fev. 2012.

DALY, Herman E. Introducción a la economía en estado estacionario. *In*: DALY, Herman E. (Org.). *Economía, ecología y ética*: ensayos hacia una economía en estado estacionario. México: Fondo de cultura econômica, 1989.

———. La economía en estado estacionario: hacia uma economía política del equilíbrio biofísico y el crecimiento moral. In: DALY, Herman E. (Org.). *Economía, ecología y ética:* ensayos hacia una economía en estado estacionario. México: Fondo de cultura econômica, 1989.

DERANI, Cristiane. *Direito Ambiental Econômico*. São Paulo: Max Limonad, 1997.

ESTERMANN, Josef. *Filosofia andina*: sabiduria indígena para um mundo nuevo. La Paz: ISEAT, 2006.

FATHEUER, Thomas. *Buen Vivir*: a brief introduction to Latin America´s new concepts for the good life and the rights of nature. Berlin: Heinrich Boll Foundation, 2011.

FERREIRA, Heline Sivini. *Desvendando os organismos transgênicos:* as interferências da sociedade de risco no Estado de Direito Ambiental Brasileiro. Rio de Janeiro: Forense Universitária, 2010.

FLORES, Guilherme; VIEIRA, Ricardo Stanziola. Expectativas da Governança Socioambiental na política brasileira de resíduos sólidos: reflexões sobre a sustentabilidade e as consequências da globalização na geração de resíduos. *Revista do Instituto do Direito Brasileiro*, ano 1, n. 02. Lisboa: IDB, 2012.

FOLADORI, Guillermo. O capitalismo e a crise ambiental. *Revista Outubro*, v. 5. 2008. p. 117-118. Disponível em: <http://revistaoutubro.com.br/edicoes/05/out5_08.pdf>. Acesso em: 26 set. 2012.

GIDDENS, Anthony. *As consequências da modernidade*. Tradução de Raul Fiker. São Paulo: UNESP, 1991.

IBGE. *Pesquisa Nacional de Saneamento Básico 2000*. 2001. Disponível em: <http://www.ibge.gov.br/home/presidencia/noticias/27032002pnsb.shtm>. Acesso em: 26 set. 2012.

INSTITUTO BRASILEIRO DE POLÍTICA E DIREITO DA INFORMÁTICA (IBDI). *Apple sofre ação coletiva na Justiça*. 2013. Disponível em: http://www.ibdi.org.br/site/noticias.php?id=849. Acesso em: 05 mar. 2013.

IPOD's Dirty Secret. Direção e produção de Casey Neistat e Van Neistat. (2m22s). Disponível em: <http://www.youtube.com/watch?v=xkrRCgFZhGo>. Acesso em: 20 fev. 2013.

LATOUCHE, Serge. *Pequeno tratado do decrescimento sereno*. São Paulo: WMF Martins Fontes, 2009.

LEFF, Enrique. *Discursos sustentáveis*. São Paulo: Cortez, 2010.

———. *Racionalidade ambiental*: a reapropriação social da natureza. Rio de Janeiro: Civilização Brasileira, 2006.

LEITE, José Rubens Morato; AYALA, Patryck de Araújo. *Dano Ambiental*: do individual ao coletivo extrapatrimonial – teoria e prática. São Paulo: Revista dos Tribunais, 2010.

———; ———. Novas tendências e possibilidades do Direito Ambiental no Brasil. In: WOLKMER, Antonio Carlos; LEITE, José Rubens Morato (Org.). *Os "novos" direitos no Brasil*: natureza e perspectivas: uma visão básica das novas conflituosidades jurídicas. São Paulo: Saraiva, 2003.

———; CAETANO, Matheus Almeida. Aproximações à Sustentabilidade Material no Estado de Direito Ambiental Brasileiro. In: LEITE, José Rubens Morato; FERREIRA, Heline Sivini; CAETANO, Matheus Almeida (Org.). *Repensando o Estado de Direito Ambiental*. Florianópolis: FUNJAB, 2012.

———; FERREIRA, Maria Leonor P.C. Ferreira. As novas funções do Direito Administrativo em face do Estado de Direito Ambiental. In: CARLIN, Volnei Ivo (Org.). *Grandes temas de Direito Administrativo*: homenagem ao Professor Paulo Henrique Blasi – Florianópolis: Conceito Editorial; Millennium Editora, 2009.

LEMOS, Haroldo Mattos. *As normas ISO 14000*. Instituto Brasil PNUMA. Disponível em: http://www.brasilpnuma.org.br/saibamais/iso14000.html. Acesso em: 05 fev. 2013.

LEMOS, Patrícia Faga Iglecias. Consumo sustentável e Desmaterialização no âmbito do Direito Brasileiro. *Revista CEDOUA*, Coimbra: CEDOUA, n° 29, ano XV, 2012.

LEONARD, Annie. *A história das coisas*: da natureza ao lixo, o que acontece com tudo que consumimos. Rio de Janeiro: Zahar, 2011.

MACHADO, António. *Campos de Castilla* (1907-1917). Madri: Cátedra S.A, 1974.

MEADOWS, Donella H. *et al*. *Limites do Crescimento*: um relatório para o projeto do Clube de Roma sobre o dilema da humanidade. São Paulo: Perspectiva, 1978.

MILARÉ, Edis. *Direito do ambiente*: doutrina, jurisprudência, glossário. São Paulo: Revista dos Tribunais, 2005.

———. Princípios fundamentais do direito do ambiente. *In: Revista Justitia*, vols. 181/184, jan/dez 1998. Disponível em: <http://www.egov.ufsc.br/portal/sites/default/files/anexos/31982-37487-1-PB.pdf>. Acesso em: 12 out. 2012.

MONTIBELLER-FILHO, Gilberto. *O mito do desenvolvimento sustentável*: meio ambiente e custos sociais no moderno sistema produtor de mercadorias. Florianópolis: Editora UFSC, 2008.

MORAN, Emílio F. *Nós e a natureza:* uma introdução às relações homem-ambiente. São Paulo: Senac São Paulo, 2008.

MORIN, Edgar. *Rumo ao abismo?* Ensaio sobre o destino da humanidade. Rio de Janeiro: Bertrand Brasil, 2011.

NEVES, Márcia. *Consumo consciente*: um guia para cidadãos e empresas socialmente responsáveis. Rio de Janeiro: E-papers, 2003.

NICOLAU, Mariana. O elogio da suficiência: transformando padrões de consumo à luz da desmaterialização. In: *Revista CEDOUA*, nº 29, Ano XV. Coimbra: FDUC, 2012.

ORGANIZAÇÃO DAS NAÇÕES UNIDAS (ONU). Departamento de assuntos econômicos e sociais. *Diretrizes das Nações Unidas para a proteção do consumidor*. Nova York, 2003. Disponível em: http://oglobo.globo.com/arquivos/diretrizes_onu.pdf. Acesso em: 15/11/2012.

——. Programa das Nações Unidas para o Meio Ambiente. *Agenda 21 global*. Rio de Janeiro, 1992a. Disponível em: http://www.mma.gov.br/port/se/agen21/ag21global/. Acesso em: 12 maio 2012.

——. Programa das Nações Unidas para o Meio Ambiente. *Declaração do Rio sobre Meio Ambiente e Desenvolvimento*. Rio de Janeiro, 1992b. Disponível em: <http://www.onu.org.br/rio20/img/2012/01/rio92.pdf>. Acesso em: 12 maio 2012.

——. Programa das Nações Unidas para o Meio Ambiente. *Declaração de Joanesburgo sobre Desenvolvimento Sustentável*. Joanesburgo, 2002a. Disponível em: <http://www.onu.org.br/rio20/img/2012/07/unced2002.pdf>. Acesso em: 12/11/2012.

——. Programa das Nações Unidas para o Meio Ambiente. *Plano de Implementação de Joanesburgo*. Joanesburgo, 2002b. Disponível em: <https://dspace.ist.utl.pt/bitstream/2295/323109/1/Plano%20de%20Implementacao%20de%20Joanesburgo.pdf>. Acesso em 14 nov. 2012.

——. Programa das Nações Unidas para o Meio Ambiente. *O futuro que queremos*. Rio de Janeiro, 2012. Disponível em: http://www.rets.org.br/sites/default/files/O-Futuro-que-queremos1.pdf. Acesso em: 07 fev. 2013.

ORR, David W. The ecology of giving and consuming. In ROSENBLATT (Org.), *Consuming Desires*: Consumption, Culture and the Pursuit of Happiness. Washington: Island Press, 1999.

OST, François. *A natureza à margem da lei*: a ecologia à prova do direito. Lisboa: Instituto Piaget, 1995.

PACKARD, Vance. *Estratégia do desperdício*. São Paulo: IBRASA, 1965.

PORTILHO, Fátima. *Consumo verde, consumo sustentável e a ambientalização dos consumidores*. In: Anais do 2º Encontro da ANPPAS: GT, Agricultura, Riscos e Conflitos Ambientais, 2004.

RICKEN, Guilherme. Direitos do "Bem Viver" e Modelo de Desenvolvimento no Constitucionalismo Intercultural. In: *Revista Discenso*, v.3, n.3. Florianópolis: Fundação Boiteux, 2011.

RIO DE JANEIRO. Tribunal de Justiça do Rio de Janeiro. Apelação cível nº 2009.001.639-26. Relator: Desembargador Carlos Eduardo Moreira da Silva. DJ, 03 nov. 2009c. Disponível em: http://www1.tjrj.jus.br/gedcacheweb/default.aspx?UZIP=1&GEDID=000363F0CF98D85C183959F1ADCA1BA9A4B927C4022E0F06. Aceso em: 04 mar. 2013.

RIO GRANDE DO SUL. Tribunal de Justiça do Rio Grande do Sul. Recurso inominado nº 71003359841. Relator: Desembargador Roberto Behrensdorf Gomes da Silva. DJ, 11 set. 2012b. Disponível em: http://www.tjrs.jus.br/busca/?tb=proc. Acesso em: 04 mar. 2013.

ROMEO, Francisco Palacios. Constitucionalización de un sistema integral de derechos sociales: de la *Daseinvorsorge* al *Sumak Kawsay*. In: SANTAMARÍA, Ramiro Ávila; JIMÉNEZ, Augustín Grijalva; DALMAU, Rubén Martínez (Org.). *Desafíos constitucionales*: la Constituición ecuatoriana Del 2008 en perspectiva. Quito: Ministerio de Justicia y Derechos Humanos, 2008.

SACHS, Ignacy. Estratégias de transição para o século XXI. In: RAYNAUT, Claude; ZANONI, Magda (Org.). *Cadernos de Desenvolvimento e Meio Ambiente*: sociedades, desenvolvimento, meio ambiente. Curitiba, n. 1, 1994.

SÃO PAULO. Tribunal de Justiça de São Paulo. 2ª Vara do Juizado Especial Cível da Comarca de Campinas. Ação reparatória nº 114.01.2010.069476-2. Juíza de Direito Erika Fernandes Fortes. Campinas, 09 ago. 2012c. Disponível em: http://www2.tjsp.jus.br/PortalTJ3/Paginas/Pesquisas/Primeira_Instancia/tjsp_sentenca_completa.aspx?chavePesquisa=5&codProcesso=42876358&codSentenca=15501576&numProcesso=0069476-31.2010.8.26.0114. Acesso em: 28 fev. 2013.

SARLET, Ingo Wolfgang. *A eficácia dos direitos fundamentais*. Porto Alegre: Livraria do Advogado, 2003.

———; FENSTERSEIFER, Tiago. *Direito Constitucional Ambiental*: estudos sobre a Constituição, os direitos fundamentais e a proteção do ambiente. São Paulo: Revista dos Tribunais, 2011.

SHEWE, C.D.; SMITH, R.M. *Marketing: conceitos, casos e aplicações*. São Paulo: Makron, 1982.

SLADE, Giles. *Made to break*: technology and obsolescence in America. Cambridge: Harvard University Press, 2006.

SCHRIJVER, Nico. *The Evolution of Sustainable Development in International Law: Inception, Meaning and Status*. Carnegieplein: Hague Academy of International Law, 2008.

SODRÉ, Marcelo Gomes. Padrões de consumo e meio ambiente. *Revista de Direito do Consumidor*. n. 31. São Paulo: Revista dos Tribunais, 1999.

SPÍNOLA, Ana Luiza S. Consumo sustentável: o alto custo ambiental dos produtos que consumimos. *Revista de Direito Ambiental*. São Paulo: Revista dos Tribunais. Ano 6, n. 24, out./dez, 2001.

STACZUK, Bruno Laskowski; FERREIRA, Heline Sivini. A dimensão social do Estado de Direito Ambiental. *In*: LEITE, José Rubens Morato; FERREIRA, Heline Sivini; CAETANO, Matheus Almeida (Org.). *Repensando o Estado de Direito Ambiental*. Florianópolis: FUNJAB, 2012.

STEFFEN, Will; *et al.*, *Global Change and the Earth Systems*: A Planet Under Pressure. New York: Sprinder-Verlag, 2003.

TAMAMES, Ramón. *Crítica dos limites do crescimento*: ecologia e desenvolvimento. Lisboa: Publicações Dom Quixote, 1983.

VEIGA, José Eli da. *Meio Ambiente & Desenvolvimento*. São Paulo: Senac São Paulo, 2009.

———. *Sustentabilidade*: a legitimação de um novo valor. São Paulo: Senac São Paulo, 2010.

———; CECHIN, Andrei D. Introdução. In: VEIGA, José Eli da (Org.). *Economia socioambiental*. São Paulo: Senac São Paulo, 2009.

WALDMAN, Maurício. De onde vem o lixo produzido no mundo. *Jornal Estadão*, set. 2011. Disponível em: <http://www.estadao.com.br/especiais/de-onde-vem-o-lixo-produzido-no-mundo,148028.htm>. Acesso em: 01 out. 2012.

WINTER, Gerd. Desenvolvimento *sustentável, OGM e responsabilidade civil na União Européia*. Campinas: Millennium, 2009.

WOLKMER, Antonio Carlos. Introdução aos fundamentos de uma teoria geral dos "novos" direitos. *In*: WOLKMER, Antonio Carlos; LEITE, José Rubens Morato (Org.). *Os "novos" direitos no Brasil*: natureza e perspectivas – uma visão básica das novas conflituosidades jurídicas. São Paulo: Saraiva, 2012.

WORLDWATCH INSTITUTE. *Estado do Mundo, 2004*: estado do consumo e o consumo sustentável. Tradução Henry Mallett e Célia Mallett. Salvador: UMA, 2004.